PUBLICATIONS OF THE DEPARTMENT OF
ROMANCE LANGUAGES
UNIVERSITY OF NORTH CAROLINA

General Editor: ALDO SCAGLIONE

Editorial Board: JUAN BAUTISTA AVALLE-ARCE, PABLO GIL CASADO, FRED M. CLARK, GEORGE BERNARD DANIEL, JANET W. DÍAZ, ALVA V. EBERSOLE, AUGUSTIN MAISSEN, EDWARD D. MONTGOMERY, FREDERICK W. VOGLE

NORTH CAROLINA STUDIES IN THE
ROMANCE LANGUAGES AND LITERATURES

ESSAYS; TEXTS, TEXTUAL STUDIES AND TRANSLATIONS; SYMPOSIA

Founder: URBAN TIGNER HOLMES

Editor: JUAN BAUTISTA AVALLE-ARCE
Associate Editor: FREDERICK W. VOGLER

Other publications of the Department: *Estudios de Hispanófila, Hispanófila, Romance Notes, Studia Raeto-Romanica*

Distributed by:

INTERNATIONAL SCHOLARLY BOOK SERVICE, INC.

P. O. BOX 4347
Portland, Oregon   97208
U. S. A.

NORTH CAROLINA STUDIES IN THE
ROMANCE LANGUAGES AND LITERATURES:

Number 134

ITINERARIO DI AMORE:
DIALETTICA DI AMORE E MORTE NELLA
VITA NUOVA

ITINERARIO DI AMORE:
DIALETTICA DI AMORE E MORTE NELLA *VITA NUOVA*

BY

MARGHERITA DE BONFILS TEMPLER

CHAPEL HILL
NORTH CAROLINA STUDIES IN THE
ROMANCE LANGUAGES AND LITERATURES
U.N.C. DEPARTMENT OF ROMANCE LANGUAGES
1973

I.S.B.N. 978-0-8078-9134-6

DEPÓSITO LEGAL: V. 272 - 1974

ARTES GRÁFICAS SOLER, S. A. - JÁVEA, 28 - VALENCIA (8) - 1974

A mia madre

INDICE

	Pagina
INTRODUZIONE	13
I. Pregnanza di significati e carattere della *Vita Nuova*	21
II. "Vide cor tuum"	30
III. "Simulacra"	45
IV. "Ego tanquam..."	51
V. Considerazioni sullo svolgimento di Amore nei capitoli XIII-XVIII della *Vita Nuova* e sul significato d'ispirazione poetica con riferimento al canto XXIV del *Purgatorio*	64
VI. "Donne ch'avete intelletto d'amore"	80
VII. "...–Che fai? non sai novella? Morta è la donna tua, ch'era sí bella–."	91
VIII. "...ché Amore non è per sé sí come sustanzia, ma è uno accidente in sustanzia."	107
IX. *"Quomodo sedet sola civitas plena populo! facta est quasi vidua domina gentium"*	115
X. "Li occhi dolenti per pietà del core"	122
XI. "Allora vidi una gentile donna giovane e bella molto..."	132
XII. Alcune considerazioni conclusive sulla *Vita Nuova* e sull'inserirsi dell'episodio della 'donna gentile' nella dinamica della narrazione.	147
CONCLUSIONE	156
BIBLIOGRAFIA	161

Questo studio è una versione riveduta di una tesi dottorale presentata presso la facoltà di Francese e d'Italiano dell'Indiana University nel gennaio del 1972.

Desidero esprimere al professor Mark Musa, che ha diretto le ricerche, la mia gratitudine per gli incoraggiamenti, di cui è sempre stato prodigo, e per i suggerimenti bibliografici.

INTRODUZIONE

L'esigenza fondamentale che mi ha guidato in questo studio della *Vita Nuova* è stata quella di ritornare al testo prescindendo da qualsiasi interpretazione preconcetta. Esigenza questa ch'è stata dettata non da scarsa considerazione per le molte interpretazioni esistenti, ma proprio dalla varietà e disparità di esse e anche da una certa tendenza a classificare in modo generico un'opera che, considerata giovanile, è spesso messa da parte con trite formule interpretative proprio da coloro che ad essa non han mai dedicato nessuno studio approfondito.

E' chiaro che non è difficile seguire da un punto di vista generico l'itinerario descritto da Dante nella *Vita Nuova*, ma proprio perché è un *itinerario*, e come tale individuabile, esso potrebbe portare a soluzioni semplificatrici. La suggestione d'un *itinerario* ha guidato l'interpretazione di molti critici, i quali han trovato piuttosto arduo preservare ad esso la configurazione di *itinerario ascendente,* spesso semplicisticamente identificato con l'itinerario di un'ascesa genericamente definita mistica. In questa mia interpretazione della *Vita Nuova* ho cercato di seguire fedelmente il testo, e pur avvertendo sin dall'inizio dell'opera il suo carattere profondamente meditato e conseguentemente l'urgere di una struttura interna, oltre che esterna, ho cercato di cogliere questa struttura e di farla emergere attraverso un'analisi e della prosa e della poesia, che si mantenesse il piú possibile aderente allo svolgimento stesso dell'opera, evitando giudizi a priori.

Questa linearità interpretativa da me seguita mi ha allontanato e forse preservato da diversi pregiudizi, tra cui fondamentale è quello relativo alla centralità dell'evento della morte di Beatrice nello svolgimento dell'opera. Centralità ch'è stata in genere intesa come centralità d'un evento temporale, su cui è stato proiettato spesso un significato piú profondo, come nell'interpretazione del Singleton, che vede un rapporto analogico tra la morte di Beatrice e quella del Cristo. Quest'indirizzo che tende a trasformare quest'opera in una sorta di meditazione sulla morte di Beatrice, si fa sentire piú o meno nella maggior parte delle interpretazioni della *Vita Nuova*; ché infatti l'interpretazione delle visioni è quasi sempre subordinata all'idea, secondo me preconcetta, che esse non siano altro che previsioni della morte della donna amata. Una spiegazione plausibile per questa tendenza interpretativa è che essa si offre come soluzione facile, additata tra l'altro da quella centralità che ha, rispetto agli altri componimenti poetici dell'opera, la canzone "Donna pietosa", in cui gran parte dei critici vedono la previsione piú diretta della morte di Beatrice. La mia analisi non m'ha portato a considerare nessuna delle visioni come previsioni di un evento materiale. Se in esse v'è riferimento alla morte di Beatrice, esso è solo riferimento indiretto. Le visioni dantesche della *Vita Nuova* hanno un carattere divinatorio, ma è carattere divinatorio da definirsi nel senso d'una normatività della ragione che attraverso di esse si annuncia e trascendentalmente condiziona lo svolgersi degli eventi. Intendere tali visioni come previsioni significa esteriorizzare il significato piú profondo della *Vita Nuova* ch'è quello di una ristrutturazione di eventi nell'ambito di un'esperienza e alla luce d'una consapevolezza razionalmente attinta a posteriori. La centralità della canzone "Donna pietosa," che, come del resto il capitolo XXIII, non contiene una visione, ma solo un' "imaginazione," non implica una centralità dell'evento della morte della donna amata. Tema ispiratore della canzone non è infatti quest'evento, perché essa s'incentra piuttosto in un'esperienza ch'è anticipazione riflessivo-esistenziale dell'esperienza della morte. Ma Amore che ha condotto Dante a svilupparsi spiritualmente, è la guida ispiratrice di Dante anche in quest'esperienza, che ha il suo punto focale nell'esperienza anticipatrice della morte di Beatrice.

L'evento della morte di Beatrice sarà limitato nel contesto dell'opera al suo significato materiale di scomparsa di quella ch'era stata la beatitudine degli occhi del poeta; il significato piú profondo dell'evento già era stato anticipato allusivamente, come naturale correlato di un processo di spiritualizzazione dell'amore nella canzone "Donne ch'avete intelletto d'amore," e direttamente, come esperienza di morte nella canzone "Donna pietosa," anticipazione della morte fisica da intendersi come necessità spirituale in un approfondimento di Amore. Infatti alle radici dell'esperienza da cui nasce la *Vita Nuova* è come un duplice movimento dialettico da morte spirituale in quella sorta di esperienza anticipatrice che se ne ha nella prima visione, a morte fisica nell'immaginazione della seconda canzone; e viceversa da amore fisico, il cui significato è allegoricamente vissuto nella prima visione, ad amore completamente spiritualizzato, al cui significato piú profondo si allude solo negativamente nella visione finale del capitolo XLII.

L'essere la *Vita Nuova* profondamente 'meditata' da un punto di vista artistico, ne rende piú ardua l'interpretazione per la consapevolezza che l'interprete ha del carattere elaborato del testo che si accinge ad analizzare. Ché se v'è una struttura dell'opera, questa non è la struttura inerente a qualsiasi processo narrativo, e che dai fatti emerge, ma è struttura preesistente alla narrazione e che diventa pretesto al narrare. La stessa commistione di poesia e di prosa, e il dislivello, sia temporale che contenutistico, esistente tra componimenti poetici e passi prosastici, sono elementi fondamentali da tenere in considerazione sia in un'interpretazione del testo che in una valutazione dei mezzi espressivi in esso assunti. Dire che mi sono accinta ad analizzare la *Vita Nuova* prescindendo dall'idea della presenza in essa d'una struttura, se non d'un itinerario, significherebbe volersi ascrivere un atteggiamento interpretativo di un'ingenuità non giustificabile in base ad un'attenta lettura dell'opera. Ciò che mi son proposta è stato piuttosto di analizzare onestamente il testo e di individuarne la struttura e raggiungerne un'interpretazione nell'ambito di quell'esperienza artistica ed umana ch'esso riassume. Questo proposito implica alcune limitazioni fondamentali relativamente sia alla vicenda umana ch'è argomento dell'opera che alla vicenda artistica che in essa trova espressione: infatti ho ricercato in tali vicende i limiti fondamentali da porsi alle mie possibilità interpretative. Non andare al di là del testo considerato come documento e artistico e umano non ha significato per me lasciar da parte la considerazione di fonti che possono aver ispirato Dante nella sua composizione, ma ha significato la considerazione dei componimenti poetici della *Vita Nuova* in funzione soltanto del ruolo ch'essi hanno assunto da un punto di vista contenutistico ed artistico nell'ambito dell'opera in cui son stati inseriti. Ciò non ha significato trascurare il modo in cui essi vi si inseriscono e vi si amalgamano, perché anzi l'essere assunti ad una funzione significante in un contesto che trascende il motivo occasionale che li ha ispirati, li potenzia dal punto di vista dell'espressione artistica e costituisce una delle caratteristiche fondamentali dello stile della *Vita Nuova*.

Attenermi al testo come documento artistico e umano ha significato non pormi in astratto il problema di un'interpretazione allegorica o non allegorica dell'opera, e ha significato raggiungere per gradi una determinata accezione del livello espressivo del linguaggio dantesco nell'opera da me considerata. Come per gradi ho visto svolgersi un itinerario ed un'ascesa spirituale, e poi arrestarsi e cedere il passo ad uno stile più piano e più discorsivo rispondente ad una narrazione di fatti accidentali, privi di quella intrinseca necessità che aveva segnato le tappe dello svolgimento anteriore. La dinamica stessa della narrazione e l'interna struttura dell'opera, emergenti attraverso un'analisi che ha cercato di mantenersi il più possibile fedele al testo, offrono la base per l'assunzione di un atteggiamento critico definito di fronte a problemi, alcuni dei quali ampiamente controversi. Il riflettere attentamente sul significato dei passi nel contesto letterale in cui erano inseriti e nel contesto più vasto della storia narrata, è stato sempre sufficiente a renderli significanti nell'ambito dell'opera studiata, e ciò che più s'impone nello studio della stessa è l'emergere di un tipo particolare di linguaggio, che, pur rifuggendo dal definire in astratto, non chiamerei né realistico né simbolico. E' un linguaggio che in sé stesso offre un criterio interpretativo per l'opera: è un linguaggio che pur nutrito d'immagini, non descrive una realtà concreta, ma è un linguaggio in cui questa realtà concreta riemerge rielaborata, quasi colore in un dipinto, divenuta essa stessa mezzo espressivo. Già ho detto che la struttura della *Vita Nuova* non è la struttura inerente ad un qualsiasi processo narrativo, ma è struttura preesistente alla narrazione e che diventa essa stessa pretesto al narrare: si parla di struttura interna dell'opera e non di struttura esterna, di quella struttura cioè che vive all'interno del tessuto narrativo e lo organizza. Il carattere elaborato della prosa della *Vita Nuova* emerge da quest'incontro d'una consapevole strutturazione interna della narrazione e d'un linguaggio poetico per immagini, ch'era già conquista di Dante poeta. Incontro ch'è a volte difficile e laborioso, e che si rispecchia esternamente in quella commistione esterna di poesia e di prosa, di poesia che appartiene al passato e di prosa che quella poesia riassume potenziandone il linguaggio ad una nuova significatività. All'interno la prosa dell'opera rivela in forma, a volte piú amalgamata, quella convivenza di elementi poetici e riflessivi ch'è rispecchiata dalla forma esterna dell'opera. Convivenza che spesso reca seco un dislivello contenutistico ed artistico, che rende particolarmente laboriosa una lettura della *Vita Nuova*. La tensione tra elementi riflessivi e poetici è tensione che diventa cosí peculiare allo stile dell'opera, che il suo esaurirsi e il cedere il passo ad uno stile piú fuso e piú narrativo è fonte di perplessità interpretativa, e dischiude la via in certo senso all'accettazione di criteri esterni nell'interpretazione dei critici.

Infatti una delle figure piú controverse nel loro significato, piú controversa della stessa Beatrice, è quella 'donna gentile' che appare quando quella tensione peculiare alla narrazione vien meno con l'esaurirsi e il venir meno d'un itinerario che in essa aveva trovato espressione strutturandola e ritmandola. Ma è proprio il parallelismo tra questo mutamento nella tensione narrativa non piú strutturata dall'interno e il dischiudersi dell'animo di Dante all'accidentalità degli eventi, una volta percorso quell'itinerario attraverso cui poteva condurlo Beatrice viva, è questo parallelismo che ci addita una svolta in un'esperienza che è talmente fondamentale da indurre il poeta a ritornare su di essa e darle espressione, senza tuttavia poterne additare l'epilogo.

Ché se un'esperienza vissuta è alla base dell'itinerario descritto nella *Vita Nuova*, questa è esperienza aperta, ed è detto nel capitolo XLII.[1] Dante ch'è cosí cauto nella *Vita Nuova* nel precisare l'intento della sua narrazione e che se necessità v'è d'interpretazione approfondita del testo, provvede a sottolinearne l'enigmaticità, come nel

---

[1] "Appresso questo sonetto apparve a me una mirabile visione, ne la quale io vidi cose che mi fecero proporre di non dire piú di questa benedetta in fino a tanto che io potesse piú degnamente trattare di lei," Dante Alighieri, *La Vita Nuova*, con il commento di T. Casini, 3a ed. rinnovata ed accresciuta di una scelta del *Canzoniere* per cura di L. Pietrobono (Firenze: Sansoni, 1964), cap. XLII, p. 141.

La succitata edizione della *Vita Nuova*, che riproduce il testo critico di Michele Barbi (Firenze: Bemporad, 1932), sarà quella cui mi riferirò nel corso della mia ricerca.

caso delle visioni, o a indicare i limiti entro cui un'interpretazione di esso dovrebbe essere contenuta, come nel caso della figura di Amore, sarebbe stato un artista ben incoerente con il suo proposito di mantenere una chiarezza fondamentale sia pur nella complessità dell'espressione, se in quei capitoli della *Vita Nuova* dedicati alla 'donna gentile' avesse voluto adombrare l'insorgere del suo amore per la filosofia. Nonostante lo spunto interpretativo offertoci dallo stesso Dante nel *Convivio*, son piú propensa a credere alla coerenza di Dante artista che a quella di Dante uomo, che ancora una volta si volge al passato e lo interpreta. In quale altro modo si potrebbe infatti considerare l'atteggiamento di Dante che nel *Convivio* questa 'donna gentile' della *Vita Nuova* presenta come la filosofia, se non come l'atteggiamento di colui che maturatosi nella sua esperienza, (intendendo tale termine in un'accezione complessa), riguarda il passato, quel passato d'artista cui si può anche da un punto di vista ideologico riconnettere, e con esso stabilisce una continuità, interpretandolo a posteriori in base ad un criterio estrinseco all'opera stessa. Nessuno spunto per un'interpretazione quale quella suggerita da Dante nel *Convivio*, è contenuto secondo me nei capitoli XXXV-XXXVIII: ciò non significa naturalmente affermare il carattere realistico dell'episodio della 'donna gentile,' o non significa perlomeno affermare la rispondenza d'un tale episodio agli eventi della realtà, poiché tale rispondenza è superflua nel contesto della *Vita Nuova*. Ma significa mantenersi nell'ambito delle possibilità interpretative suggerite dallo studio del testo, rispetto a cui, se di allegoria si può parlare, è solo in rapporto all' espediente narrativo delle 'visioni'. Ed anche qui si tratta sempre di allegoria che si riconduce ad immagini tradizionali quali quella del cibarsi del cuore dell'amante e quella del cerchio, simbolo tradizionale di perfezione, in cui lo spunto allegorico è piú che altro implicito e svolgibile secondo le implicazioni d'una dottrina avente le sue radici in una ben nota tradizione.

Ché altrove il linguaggio della *Vita Nuova* non è certo linguaggio realistico volto a riflettere una realtà storica, ma è linguaggio che questa realtà ha elaborato facendone elemento espressivo, e che d'altronde ha elaborato in sé elementi molteplici di suggestioni provenienti da un clima culturale di cui l'allegoria era mezzo espressivo acquisito. V'è perciò nel linguaggio dantesco di quest'opera giovanile la presenza di molteplici suggestioni; pur essendo linguaggio personalmente elaborato, in esso v'è spesso però come un trapassare ad elementi espressivi già offerti dalla tradizione e che nell'ambito del contesto da cui sono assimilati si presentano frequentemente come spunti simbolico-allegorici non compiutamente svolti. Di qui la problematica relativa al carattere stesso della *Vita Nuova*, se sia opera allegorica o da intendersi in senso letterale, e di qui le molteplici soluzioni o mezze-soluzioni date ad un problema siffatto. Ed anche il disappunto che ne viene ad alcuni interpreti di trovarsi di fronte ad un linguaggio "inconcreto e rifuggente dalla rappresentazione dell'individuato:"[2] linguaggio cui sembra venir negato il carattere di elaborazione personale e che per converso richiama alla mente il ben diverso linguaggio della *Commedia*. Come esempio significativo dei due diversi tipi di linguaggio viene addotto da un critico il seguente, che io cito come a sua volta significativo della mancanza, nel critico in questione, di un'individuazione accurata dello stile dell'opera giovanile:

> Nel capitolo IX del libretto Dante ci narra d'un suo incontro con Amore "come peregrino leggeramente vestito, e di vil drappi." L'incontro accade presso "un fiume bello e corrente e chiarissimo." Possiamo chiederci: l'Arno o quale altro fiume? Il poeta evita di menzionarlo, come evita qualsiasi altra determinazione di luogo e di tempo; il tutto avviene in un paesaggio disancorato da ogni concretezza: il fiume è semplicemente bello e corrente e chiarissimo. Come possono esserlo migliaia di altri fiumi della terra. Ma a quel tanto di suggestione evocativa che può essere insita in un nome e nemmeno alle coordinate geografiche fece rinunzia il Dante della *Commedia* quando nel V del *Purgatorio* lasciò rammemorare a Bonconte da Montefeltro il proprio trapasso...[3]

Le caratteristiche della descrizione del fiume contenuta nel capitolo IX della *Vita Nuova* indicano secondo il Pellegrini la stretta dipendenza del linguaggio della poesia giovanile di Dante da quello dell'ultima poesia trovadorica. Ciò che questo critico non ha

---

[2] Silvio Pellegrini, "Dante e la tradizione poetica volgare dai Provenzali ai Guittoniani," *Dante nella critica d'oggi*, a cura di U. Bosco (Firenze: Le Monnier, 1965), p. 34.
[3] S. Pellegrini, op. cit., p. 35.

avvertito è l'elaborazione personale di tale stile che pur mantenendo i suoi legami con una tradizione letteraria precedente, è tuttavia disancorato da essa in quanto assunto ad una nuova funzionalità nel contesto in cui viene inserito. Proprio quest'immagine del fiume nel capitolo IX come del resto la figura stessa di Amore nello stesso capitolo sono uno degli esempi piú felici di quel linguaggio né realistico né simbolico, esprimentesi per immagini non realisticamente descrittive, ma concretizzazione esse stesse d'un movimento spirituale. Dante ci ha avvertito nel capitolo XXV che Amore non è "sustanzia," ma solo figura retorica sia pur dotata di significato: e quest'amore è quello alla descrizione del cui atteggiamento è abbinata quella di quel fiume che il Pellegrini contrappone all'Archiano e di cui lamenta la povertà di determinazioni concrete. Questo fiume che si profila con quella vaghezza di contorni ch'è propria di certi sfondi paesistici di dipinti dell'epoca, si presenta come un'immagine vaga se avulsa dal contesto in cui è inserita, ma inserita in quel contesto si riempie di luce e di significato in quel rapporto in cui si trova con gli occhi di Amore e in quel suo andare lungo il cammino ov'era Dante: e la descrizione chiaramente non realistica d'un personaggio retorico, allusiva com'è di stati d'animo, trasmette la sua pregnanza di significati a questo luminoso elemento paesistico, che pur non diventando simbolo determinato, riassorbe nella sua immagine il riferimento ad una mèta splendente. Le mie considerazioni relative a questo passo del capitolo IX e alla critica del Pellegrini si riconnettono e mi riconducono al proposito inizialmente espresso in quest'introduzione, ch'è quello "di analizzare onestamente il testo e di individuarne la struttura interna e raggiungerne un'interpretazione nell'ambito di quell'esperienza artistica ed umana ch'esso riassume."

Capitolo I

PREGNANZA DI SIGNIFICATI E CARATTERE DELLA
VITA NUOVA

> In quella parte del libro de la mia memoria, dinanzi a
> la quale poco si potrebbe leggere, si trova una rubrica la
> quale dice: *Incipit vita nova.* Sotto la quale rubrica io trovo
> scritte le parole le quali è mio intendimento d'assemplare
> in questo libello; e se non tutte, almeno la loro sentenzia.
> (V.N., cap. I, p. 3)

L'essenzialità di quest'inizio è un invito a rifuggire da divagazioni: un'esigenza, e preoccupazione, di essenzialità di linguaggio è premessa fondamentale dell'opera, e come tale dovrebbe avere il valore di premessa a qualsiasi tentativo di lettura della *Vita Nuova*. Le prime cinque righe, che formano come un proemio all'opera, esprimono un bisogno di chiarezza metodologica, che risponde ad un'esigenza di comunicazione col lettore e al carattere meditato della composizione. Le parole che ci accingiamo a leggere saranno quelle raccolte in quella rubrica del libro della memoria "la quale dice: *Incipit vita nova.*" Ma non si tratterà d'una semplice trascrizione di quelle parole, poiché esse saranno trascelte e di talune sarà espresso solo il significato. Ci troviamo di fronte ad un criterio di composizione che vien chiaramente palesato, e che, in quanto palesato, ci rivela il carattere meditato e non naturalistico del narrare di cui saremo testimoni.

Quello che si potrebbe considerare il capitolo iniziale della *Vita Nuova*, se si considerassero come proemio le cinque righe iniziali, è un capitolo che attraverso diversi particolari ci dà un'impressione netta di quella visione in prospettiva che il lettore sarà in grado di analizzare via via attraverso la lettura e la graduale assuefazione ad una forma meditatissima di godimento estetico:

> Nove fiate già appresso lo mio nascimento era tornato lo cielo de la luce quasi ad uno medesimo punto, quanto a la sua propria girazione, quando a li occhi miei apparve prima la gloriosa donna de la mia mente, la quale fu chiamata da molti Beatrice li quali non sapeano che si chiamare.
> (V.N., cap. II, pp. 3-5)

In questo periodo perfettamente equilibrato dal punto di vista sintattico, in cui alla prima metà relativa alla determinazione temporale della comparsa di Beatrice, corrisponde una seconda metà relativa all'apparizione stessa della donna agli occhi del poeta, abbiamo attraverso una semplice espressione una visione prospettica in cui l'inizio è già accostato alla fine, la vita alla morte: "la gloriosa donna de la mia mente." Le proposizioni relative che seguono esprimono sinteticamente quello che fu il significato terreno della vita di Beatrice: ella fu chiamata Beatrice anche da coloro che non ne sapevano il nome.[1] L'immagine della donna è introdotta in queste proposizioni da due attributi che la qualificano spiritual-

---

[1] L'interpretazione che A. Pagliaro dà in "Nomina sunt consequentia rerum," appendice al saggio VIII nei *Nuovi saggi di critica semantica* (Messina-Firenze: casa ed. D'Anna, 1956), dell' "applicazione di questa teoria dell'espressività" fatta da Dante nel II capitolo della *Vita Nuova* quando rende conto del nome di Beatrice, si richiama al "principio generale espresso nella massima *nomina sunt consequentia rerum*" (op. cit., p. 246), la quale massima non è che una variazione del suo primo modello che è da rintracciarsi in una frase delle *Institutiones* di Giustiniano. La forma che la massima acquista in Dante presenta una differenza ed una caratteristica definita rispetto alle precedenti forme ad essa date, in quanto appare in essa il genitivo *rerum* invece del dativo *rebus*, variazione implicante un mutamento nel significato della frase, per cui "non il nome deve appropriarsi alle cose, come appare nell'accezione data dai giuristi, bensì sono le cose che, in virtù delle caratteristiche concrete da cui sono accompagnate, influenzano il segno che le designa" (op. cit., p. 243).

Mi accordo con l'interpretazione di Pagliaro dell'accezione dantesca di questa teoria dell'espressività in questo passo particolare della *Vita Nuova*: sono le qualità delle cose che si concretizzano nel nome potenziandone la significatività ed essenzializzando in esso un significato aggettivale.

mente e che, nel volgersi di due subordinate, ne indicano ad un tempo il vertice spirituale raggiunto, come sintetizzato da quel "gloriosa," e l'effetto beatificante da lei emanante in vita che trova espressione in quel nome, che ha in realtà la funzione di aggettivo nel contesto della frase in cui è inserito.[2] Alla ricchezza di significato di tali aggettivi si aggiunge la sfumatura particolare che a questa figura di donna viene dalla sua posizione all'interno del periodo in cui essa appare: come "lo cielo de la luce" segue nella principale al verbo di cui è soggetto, verbo indicante movimento, cosí nella subordinata temporale "la gloriosa donna de la mia mente" segue al verbo "apparve" di cui essa è soggetto e che pure esprime una sorta di movimento ed è verbo frequentemente usato in riferimento allo stesso sole. L'impressione d'una luce che appare agli occhi del poeta, già suggerita dall'aggettivo 'gloriosa,' è rafforzata da questo parallelismo di significati e di posizioni all'interno del periodo considerato.

"Apparve" è la forma verbale che scandisce nei primi tre periodi del secondo capitolo l'apparizione di Beatrice: la triplice

---

[2] Quanto insignificante sarebbe stato introdurre la donna attraverso il nome in un periodo ch'è cosí sapientemente ponderato in ogni suo elemento; il richiamo a quest'effetto beatificante da lei prodotto, attraverso la rievocazione d'un nome che a lei fu dato anche da coloro che non sapevano quale fosse il suo nome, ci rinvia alla Giovanna del capitolo XXIV a cui per la sua bellezza veniva attribuito il nome di Primavera. E considerando il passo relativo a Giovanna-Primavera, dobbiamo riconoscere che alla base di questo processo d'attribuzione d'un nome basantesi sulla conoscenza che della donna si ha o sull'effetto che la donna produce, v'è un rapporto tra coloro che attribuiscono il nome e la donna, parallelo a quello che è alla radice delle due relative: "la quale fu chiamata da molti Beatrice, li quali non sapeano che si chiamare." Nel caso di Giovanna al nome originale, conosciuto o no, venne sovrapposto per la sua bellezza il nome di Primavera; a Beatrice venne dato il nome suggerito dall'effetto beatificante sperimentato alla sua presenza anche da coloro che non ne sapevano il nome. La perfetta identità del nome suggerito dall'effetto prodotto dalla donna, nel caso di Beatrice, col nome originale della donna, è parallela alla conclusiva identificazione da parte di Dante nel capitolo XXIV del nome Primavera col nome Giovanna: "E se anche vogli considerare lo primo nome suo, tanto è quanto dire 'prima verrà,' però che lo suo nome Giovanna è da quello Giovanni lo quale precedette la verace luce" (V.N., capitolo XXIV, p. 87).

Ma il maggiore risalto è dato in questo passo al nome più pregnante di significato, 'Primavera,' tanto che è da 'Primavera' che al nome Giovanna viene riconosciuto il significato più profondo di 'precorritrice della vera luce.' Allo stesso modo viene al nome di Beatrice il suo significato più pieno solo attraverso l'esperienza che si ha del suo effetto beatificante.

ripetizione del verbo rafforza nel contesto il significato dell'apparizione della donna, il cui risalto è accresciuto dalle immagini del "cielo de la luce" e del "cielo stellato" che sono introdotte nelle determinazioni temporali relative all'età dei protagonisti all'epoca del loro incontro. L'intento dell'autore era quello di dirci che erano entrambi l'una all'inizio l'altro alla fine del loro nono anno, ma il risalto che acquistano il verbo e le immagini e la struttura stessa del periodo sminuiscono il significato della pregnanza simbolica del nove. Ciò che domina questo secondo capitolo è l'apparizione stessa di Beatrice, che s'impone qui come immagine visiva, che non è tuttavia realisticamente circoscritta, ma piuttosto suggerita da quei particolari e ornamenti delle sue vesti che, mantenendosi ad un livello impressionistico, si arricchiscono d'una tonalità spirituale per quegli aggettivi che li qualificano al di là del descrittivo. La prima qualificazione tutta spirituale di Beatrice che appare agli occhi del poeta rimane come impressione prima e sottofondo di quest'immagine, che successivamente domina il capitolo ed è immagine degli occhi.[3] Una volta che "lo spirito de la vita" annuncia il sopraggiungere sconvolgente d'una divinità che l'avrebbe dominato, ecco insorgere "lo spirito animale, lo quale dimora ne l'alta camera ne la quale tutti li spiriti sensitivi portano le loro percezioni," ed esso "si cominciò a maravigliare molto, e parlando spezialmente a li spiriti del viso, sí disse queste parole: 'Apparuit iam

---

[3] Affermare questo, che cioè la prima qualificazione tutta spirituale di Beatrice rimane come sottofondo primo di quest'immagine, non significa per me inclinare verso interpretazioni della figura di Beatrice che la rapportino direttamente all'immagine d'una santa cristiana o anche di un'antica sibilla pagana (vedi: E. Auerbach, *Dante, Poet of the secular world,* Chicago, University of Chicago Press, 1961, p. 62), o che la paragonino o la rapportino per via analogica alla figura del Cristo (vedi lo stesso Auerbach, op. cit., p. 63 come del resto J.E. Shaw, C. Singleton e molti altri interpreti). Che si possano trovare nella *Vita Nuova* spunti per interpretazioni siffatte, questo è indubbio; ma poiché si tratta di spunti che a volte nel tentativo d'inquadratura sistematica dell'opera, possono portare a pericolose deviazioni interpretative, ritengo che tali spunti ispiratori debbano essere sempre valutati nella loro portata nell'ambito del contesto di cui sono parte.

Delle esagerazioni cui può portare l'identificazione di Beatrice con un simbolo mistico, è esempio ammonitore quel passo del Grandgent in cui per una sorta di parallelismo o d'associazione d'idee quest'interprete è portato al paragone, implicito nel suo passo, di Beatrice con la bandiera americana: "Even we Americans of to-day have at least one mystic symbol, our flag, the emblem of patriotism" (C. H. Grandgent, *Dante Alighieri,* 1916; rpt. New York: Frederick Ungar Publishing Co., 1966, p. 6).

beatitudo vestra'" (V.N., cap. II, p. 7). La vista è il tramite attraverso cui Amore penetra nell'amante. L'Amore signoreggia l'anima dell'amante, e l'immaginazione, facoltà di origine essenzialmente visiva, ne accresce la virtú. Amore comanda all'amante di cercare di vedere quell'"angiola giovanissima;" la sua immagine è continuamente presente nell'anima dell'amante e gl'ispira quella baldanza d'Amore che lo domina, senza essere tuttavia mai disgiunta da "lo fedele consiglio de la ragione." La descrizione dell'insorgere di Amore, che pure è piena di significato ai fini d'una caratterizzazione di questo suo primo manifestarsi, e in cui ogni frase aggiunge qualcosa di nuovo a ciò che già è stato detto, viene, saremmo tentati di dire, bruscamente conclusa da Dante:

> E però che soprastare a le passioni e atti di tanta gioventudine pare alcuno parlar fabuloso, mi partirò da esse; e trapassando molte cose le quali si potrebbero trarre de l'essemplo onde nascono queste, verrò a quelle parole le quali sono scritte ne la mia memoria sotto maggiori paragrafi. (V.N., cap. II, p. 8)

Ed ecco che la preoccupazione iniziale del poeta ritorna al termine d'un capitolo che si rivela essenziale nei suoi membri: non indulgerà nella descrizione di "passioni e atti di tanta gioventudine," perché un siffatto tipo di discorso sembra "fabuloso." Il significato, nel contesto citato, dell'aggettivo "fabuloso" è fondamentale ai fini d'una comprensione dell'atteggiamento dell'autore nell'accingersi alla sua narrazione. Le cose che verranno tralasciate, e che potrebbero guadagnare al discorso di Dante la taccia di 'fabuloso,' appartengono tutte a quel libro della memoria a cui appartengono anche quelle che sono appena state fatte oggetto di narrazione. Sono cioè cose reali, e la preoccupazione di Dante non è certo quella di non essere creduto, com'è stato suggerito da qualche commentatore,[4] ma quella di venir meno a quell'essenzialità di espressione

---

[4] Vedi il commento di Casini alla *Vita Nuova* (op. cit., p. 8). L'interpretazione di questa frase di Dante: "E però che soprastare...," ch'è piú comune tra i commentatori, è quella basantesi su un'interpretazione letterale del testo: "l'intrattenersi intorno ai sentimenti e alle azioni di un'età così giovanile pare un narrar favole, ossia cose prive d'ogni fondamento di verità" (Dante Alighieri, *La Vita Nuova*, commento di G. Melodìa, 1905; rist. Milano: Vallardi, 1925, p. 19).

artistica, che s'era proposto all'inizio dell'opera. Il parlare fabuloso, che vien qui menzionato, non è il parlare che si riferisce a fatti privi di fondamento di verità nel senso letterale della parola, ma è il parlare che si riferisce ai fatti reali indiscriminatamente, senza farli diventare a loro volta 'parole' d'un tipo di discorso da intendersi nell'ambito d'una concezione particolare dell'arte. Lasciando da parte quei fatti reali che si rivelano insignificanti ai fini d'un discorso poetico inteso nel senso particolare in cui Dante lo intende, ciò che verrà assunto alla dignità di elemento significante, sarà ciò ch'è scritto nella memoria "sotto maggiori paragrafi." L'attenta considerazione di questo capitolo c'invita ad un'ancora piú attenta considerazione della prosa e della poesia contenute nei capitoli che seguiranno. E la consapevolezza da noi raggiunta retrospettivamente attraverso la riflessione sulle righe finali di tale capitolo è consapevolezza che ci rimanda e ci conferma nell'interpretazione del valore significante dell'accostamento d'un aggettivo ad un nome ("la gloriosa donna de la mia mente"), del parallelismo d'immagini nella strutturazione del periodo, del risalto dato ad un membro piuttosto che ad un altro nell'ambito della frase.

Che la *Vita Nuova* si presenti come la storia d'un amore è indubbio, è dubbio secondo noi che si tratti della storia d'un amore ordinario: è la storia d'un amore che si evolve in maniera personalissima coincidendo con un processo d'approfondimento e d'identificazione personale. Processo che per essere narrato implica la consapevolezza degli elementi significanti d'una storia, che nel suo ripensamento viene ricondotta ad una razionalità che supera i fatti strutturandoli.[5] Si potrebbe dire che la *Vita Nuova* è una storia ch'è

Tale interpretazione letterale va secondo me integrata attraverso il richiamo, ch'è poi implicito nella frase di Dante, a quello ch'è l'intento narrativo dichiarato all'inizio dell'opera.

[5] Il carattere di *ripensamento* che è proprio dell'atteggiamento narrativo della *Vita Nuova*, è chiaramente posto in risalto da Singleton nel suo saggio sulla stessa opera. Dante è per questo studioso il protagonista dei fatti di cui si parla nella *Vita Nuova* ed è anche colui che avendo vissuto questi fatti, ritorna ad essi e ne vede il significato: "This situation in time by which the poet becomes two persons is of first importance to the existence of this story as a form" (C.S. Singleton, *An Essay on the Vita Nuova*, 1949; rpt. Cambridge: Harvard University Press, 1958, p. 8). Il riconoscere la presenza di molteplici livelli temporali all'interno dell'opera è preliminare a qualsiasi tentativo d'interpretazione della stessa. Ciò che rifiuto è l'elabo-

stata talmente filtrata e ripensata che gli elementi assunti in essa sono solo quelli capaci di avere una risonanza in un contesto piú vasto di quello in cui sono inseriti.

Se il numero nove ritorna cosí frequentemente nei particolari della narrazione di Dante (e Dante stesso si sofferma nel capitolo XXIX a considerare il significato di questo numero in rapporto a Beatrice), è perché il nove, che piú o meno facilmente vien rinvenuto dal poeta nelle vicende del suo amore per Beatrice, è uno di quei dati di fatto, che già pieni di risonanze culturali nell'animo di Dante, gli si offrono come elementi espressivi d'un linguaggio

---

rata costruzione che Singleton viene sovrapponendo a questa caratteristica, facilmente individuabile, dell'atteggiamento narrativo dell'autore della *Vita Nuova*, il quale non si abbandona certo ad una narrazione di carattere naturalistico e non riflessa.

Ché a questa complessità iniziale dell'atteggiamento dell'autore che ritorna su fatti e su poesie e li interpreta, deve volger la sua considerazione chiunque si accinga ad interpretare l'opera, ma su di essa Singleton elabora una complicata teoria interpretativa che si basa sul presupposto d'un Libro della Memoria da intendersi come libro fatto di parole, che parole non sono, ma fatti, i fatti stessi di cui è stato protagonista Dante, e che in questo libro s'inseriscono come parole di quel Libro di Dio ch'è il Libro dell'Universo. I fatti scritti nel Libro della Memoria possono essere interpretati, in quanto parole di Dio, come del resto il Libro sacro per eccellenza, la Bibbia, può e dev'essere interpretato (op. cit., p. 41).

Abbiamo cosí secondo Singleton i fatti di cui Dante è stato protagonista, che s'inseriscono come parole di Dio in questo Libro della Memoria; le poesie composte da Dante, che in quanto parallele a quei fatti, sono, in modo piú indiretto, parole di Dio e parte dello stesso Libro della Memoria; lo scrivano, che è poi Dante (l'autore delle poesie), il quale copia ciò che trova nel Libro della Memoria e cioè poesie e passi in prosa (i quali ultimi non sono altro che le ragioni che si accompagnano alle poesie). Questo scrivano non si limita a copiare, ma fa delle aggiunte: queste aggiunte sono le divisioni dei componimenti poetici, le sue riflessioni su un espediente retorico nel capitolo XXV, il commento personale sugli effetti del saluto di Beatrice nel capitolo XI, ed infine le considerazioni sul numero nove contenute nel capitolo XXIX (op. cit., p. 53).

Si potrebbe illustrare e discutere a lungo la teoria interpretativa adottata da Singleton, la quale poi conduce lo studioso che l'ha elaborata ad un'interpretazione valida da punti di vista particolari, e che non si può ignorare se ci si accinge ad uno studio della *Vita Nuova*.

E' tuttavia interpretazione molto unilaterale, come sempre accade quando si prendon le mosse da teorie interpretative di carattere troppo generale. Senza dilungarmi in discussioni particolari, desidero additare nelle prime righe della *Vita Nuova* quel criterio interpretativo che Singleton ha usato ai suoi fini, ma che analizzato in un significato ch'è quello suggerito dal testo e non da eventuali sostrati culturali, si risolve in effetti in un avvertimento al lettore, ch'è indice di quella consapevolezza che accompagnerà il narrare successivo, che è un narrare non particolarmente rispettoso dei fatti, qualsivoglia siano questi fatti, ma che di questi fatti è inteso soprattutto ad esprimere il significato.

artistico in cui ogni parola con tutte le sue possibili risonanze culturali diventa termine significante d'un tipo di discorso essenziale.[6] Il significato che ha il nove agli occhi di Dante ha le sue radici in un tipo particolare di cultura, ed è con questa pregnanza particolare di significati che il nove è assunto nella *Vita Nuova* per esprimere qualcosa ch'è altrove espresso attraverso ripetizioni, rispondenze d'immagini, analogie, parallelismi. Se ritorniamo alle prime righe del secondo capitolo:

> Nove fiate già appresso lo mio nascimento era tornato lo cielo de la luce quasi a uno medesimo punto, quanto a la sua propria girazione, quando a li miei occhi apparve prima la gloriosa donna de la mia mente, ...

ci rendiamo conto che è attraverso la rispondenza delle immagini e il parallelismo di significato dei verbi, che l'immagine di Beatrice si circonfonde d'una luce particolare e il suo apparire sembra elevato al livello degli eventi del cosmo. Il nove in tutta la pregnanza del suo significato culturale rimane oscurato dalle immagini che Dante ha saputo altrimenti evocare. In questo secondo capitolo il verbo apparire ha un ruolo e un significato più pregnante del numero nove: in un artista attento com'è Dante la ripetizione e l'uso di un verbo non avvengono a caso, e certamente il verbo non è usato a caso nel III capitolo. Studiare il significato e la funzione

---

[6] E' chiaro il fascino che il simbolismo connesso ai numeri (di origine francescana secondo il Vossler; vedi K. Vossler, *Mediaeval Culture, An Introduction to Dante and his Times*, trans. by W. C. Lawton, New York: Harcourt, Brace and Co., 1929, I, 151). esercita su Dante.
Il Gilson una volta riconosciuto che alla base dei calcoli cronologici della *Vita Nuova* v'è un numero la cui radice è la Trinità, e cioè un numero carico di simbolismo. ritiene che "tous les détails chronologiques de cette oeuvre doivent être tenu, sinon pour historiquement faux, du moins pour historiquement suspects" (E. Gilson, *Dante et la philosophie*, Paris: Librairie Philosophique J. Vrin, 1939, p. 28).
Tale affermazione non è in contraddizione, anzi si accorda col mio punto di vista che gli elementi della realtà assunti in quest'opera, son quelli suscettibili di assurgere ad un significato che va al di là del loro significato temporale, in quanto fatti presi nella loro nuda identità.
I fatti assunti in questa storia son solo quelli capaci di potenziarsi nel significato, assurgendo ad una sorta di espressionismo poetico di cui sarebbe l'equivalente il simbolismo tradizionalmente connesso a certi numeri.

di questo verbo nei contesti in cui appare, non è mia intenzione in questo momento, ma è mia intenzione sottolineare il significato piú generale ch'esso ha in rapporto all'immagine di Beatrice: ché come immagine Beatrice è infatti rievocata dal verbo stesso, immagine dipinta a colori non intensi ma radiante di luce nel secondo capitolo, immagine ch'è tutt'una con quel colore bianchissimo di cui si parla nel III. E come immagine essa vive in uno sfondo pieno di suggestione per i richiami all'epoca cui essa appartiene: ma lo sfondo storico pur pieno di risonanze poetiche, rimane come lo sfondo di un quadro, mentre ciò che acquista una risonanza effettiva nell'animo dell'autore è, al di là di ogni sfondo realistico, quell'immagine che lui stesso ci ha offerto. Immagine fatta di colori, immagine che si muove, ma che nei colori e nei movimenti ha assorbito una vita nuova, ch'è la vita che le ha dato Dante. Si potrebbe proseguire un siffatto discorso in rapporto a Beatrice, e dire che Beatrice non è un simbolo nel senso tradizionale della parola, ma un'immagine poetica: immagine che della realtà si è nutrita e nella realtà ha le sue origini, ma che si è maturata e come potenziata nell'elaborazione che di essa ha compiuto il poeta, per cui se di essa v'è realtà, questa è la sola realtà ch'essa è venuta ad assumere nel contesto poetico di cui è diventata elemento significante.

Il problema relativo alla realtà dei fatti narrati nella *Vita Nuova*, è in certo senso irrilevante, perché tali fatti sono qui assunti solo perché significano qualcosa. Ritornando alla terminologia dantesca, ogni discorso non attinente alla storia che Dante vuol narrarci va definito come "parlare fabuloso." Lo sfondo ambientale che s'intravede qua e là nella *Vita Nuova* è mantenuto nell'ambito dell'essenziale, ma affiora sempre come sottofondo di ogni evento cui il poeta si riferisce: la parola 'evento' non è adoperata qui a caso, perché i fatti cui Dante si riferisce nella sua opera son sempre 'eventi,' gli 'eventi' delle apparizioni di Beatrice, l' 'evento' del saluto. Eventi che a volte sono fatti con tutta probabilità avvenuti, e che a volte, pur essendo presentati come fatti, appaiono come esperienze profondamente soggettive, e con ciò intendiamo personali. Tra queste esperienze sono le cosiddette 'visioni."

Capitolo II

"VIDE COR TUUM"

La prima visione che Dante ha, ci vien presentata nel capitolo III. E' chiaro che immediatamente ci si pone il problema dell'interpretazione di tale visione. Tale visione fu da Dante affidata ad un sonetto che indirizzò a tutti i fedeli d'Amore acciocché l'interpretassero: "A questo sonetto fue risposto da molti e di diverse sentenzie; ... Lo verace giudicio del detto sogno non fue veduto allora per alcuno, ma ora è manifestissimo a li piú semplici" (V.N., cap. III, pp. 14-15).

Dante stesso col suo commento ci dà uno spunto per l'interpretazione del sogno, e tale spunto è stato in genere sfruttato dagli interpreti, che l'hanno accettato come chiave interpretativa del sogno: è chiaro per gli interpreti che ciò che "ora è manifestissimo a li piú semplici" è la morte di Beatrice.[1] Beatrice è morta, quando

---

[1] La maggior parte degli interpreti ha visto in questa prima visione una premonizione o una previsione della morte di Beatrice (cosí Norton, Barbi, Grandgent, Shaw, Singleton, Nardi e molti altri). Addirittura molti studiosi una volta interpretata in questo senso la visione nel contesto della *Vita Nuova,* hanno rinunciato ad un'interpretazione piú dettagliata di essa, tant'è vero che è piuttosto raro trovare un'interpretazione della visione nei suoi diversi momenti, eccetto che nei commenti al testo dell'opera stessa.

In genere in quelle interpretazioni che seguono un po' nei dettagli la visione, l'accento è raramente posto sull'aspetto sensuale di Amore: esempio raro è quello del Cesareo che in un saggio del 1903, "Amor mi spira," interpreta la figura di Amore in questa prima visione come "amore terribile, amore sensuale." A proposito del sonetto relativo alla visione Cesareo scrive: "Il senso di questo sonetto, non 'veduto allora per alcuno' era che Amore, l'amore terribile, l'amore sensuale, s'im-

Dante si accinge a scrivere la *Vita Nuova*, e lo sappiamo sin dalle prime righe dell'opera: ed ecco che Dante ora si affannerebbe a rivedere il suo passato dalla prospettiva della morte della sua donna, e si affannerebbe a dirci in quanti modi diversi questa morte è stata a lui preannunciata: attraverso il sonetto e la prosa del capitolo III, attraverso la prosa del capitolo XII, e di nuovo attraverso la poesia e la prosa del capitolo XXIII.[2] La *Vita Nuova* sarebbe, da questa prospettiva, un'opera incentrata sulla morte fisica di Beatrice, diremmo quasi che si potrebbe definire una sorta di meditazione sulla morte. Di fronte a questa centralità della morte fisica il titolo stesso perderebbe parte della sua pregnanza di significato o diventerebbe piuttosto un'espressione allusiva ad un tipo particolare di vita spirituale da intendersi in senso angustamente devoto. E tale è stata purtroppo la direttiva presa da molti critici. Ma se ritorniamo alle ultime righe del capitolo III, ci accorgiamo che lo spunto offerto da Dante è solo uno spunto per un'interpretazione letterale del sogno. Il significato che "li piú semplici" possono afferrare del sogno, è quello ch'è suggerito dai fatti che la realtà ha posto sotto i loro occhi: e tra questi fatti quello fondamentale è

---

padroniva del cuor del poeta, sede del senso, e lo dava ardente a mangiare a Madonna, sperando d'infiammarne lei pure." (vedi *Studii e ricerche su la letteratura italiana*, Palermo: Sandron, s.d., p. 168).

Rappresentante d'una tendenza opposta è l'interpretazione data da Luigi Pietrobono nel suo saggio "La *Vita Nuova*" (1933): riferendosi alla prima visione, questo studioso interpreta l'atto cui Amore induce la donna, come atto d'appropriamento del corpo da parte della donna e di compenetrazione del suo spirito in lui (vedi L. Pietrobono, *Saggi danteschi*, Torino: S.E.I., 1954, p. 16).

Giovanni Melodia nel suo commento alla *Vita Nuova* non scorge in questo III capitolo alcuna previsione della morte di Beatrice; anzi della frase della prosa "mi parea che si ne gisse verso lo cielo", dà un'interpretazione tutta sua: "il che denoterebbe che Beatrice, diventata moglie di Simone dei Bardi, non potesse per Dante essere piú oggetto d'amore, se non platonico, celeste" (Dante Alighieri, *La Vita Nuova*, introd., commento e glossario di G. Melodia, Milano: Vallardi, 1925, p. 35).

E' possibile naturalmente addurre molteplici esempi d'interpretazioni tutte personali di passi particolari relativi a questa visione: elencarli non avrebbe alcun significato determinato in questo contesto. Ciò che desidero sottolineare è che la tendenza comune a gran parte delle interpretazioni è quella di far convergere il significato di tale visione verso la previsione della morte della donna amata.

[2] Esempio tipico di un'interpretazione ispirantesi a tale indirizzo, è quella offertaci da Charles Singleton nel suo studio *An Essay on the Vita Nuova*.

senz'altro la morte di Beatrice, ma è chiaro che anche per coloro che questo fatto hanno sotto i loro occhi, il sogno si riferisce a qualcos'altro oltre che alla morte di Beatrice. Anche l'interpretazione a posteriori che "li piú semplici" possono darne, non può ridurlo ad una semplice previsione della morte della donna. Nel sogno c'è molto piú di questo, e tenendo presente la profonda consapevolezza che accompagna Dante nello scrivere, penso che sarebbe difficile tralasciare la considerazione delle diverse fasi di esso e del valore delle immagini che vi appaiono, immagini che sono in sé stesse cosí palesemente cariche di significato. A questo si aggiunga il fatto che Dante non ha mai inteso scrivere la *Vita Nuova* per "li piú semplici." Questo libretto è scritto dopo grande meditazione, ed è basato su una selezione sia dei fatti che dei componimenti poetici in esso contenuti. Quando Dante scrive che "Lo verace giudicio del detto sogno ... ora è manifestissimo a li piú semplici" è ben lontano dal suggerircene l'interpretazione, come d'altronde non ci suggerisce piú tardi l'interpretazione delle diverse apparizioni e visioni di cui successivamente parlerà. V'è però senza dubbio un'enigmaticità assai maggiore nelle immagini e nel linguaggio delle visioni, mentre le apparizioni si mantengono ad un livello di espressione per immagini, ch'è molto piú vicino alla realtà del soggetto. Ciò che l'autore dice quando scrive che il significato del sogno "ora è manifestissimo a li piú semplici," si potrebbe assumere come invito all'assunzione d'un criterio interpretativo basantesi su un 'a posteriori,' naturalmente non temporale, ma tuttavia riferentesi ad un tipo di successione di carattere diverso, quale potrebbe essere quella della narrazione degli eventi della sua vita giovanile. Riteniamo cioè che sia possibile intendere il significato pieno del sogno solo attraverso la conoscenza e l'interpretazione dell'intera opera. Come l''a posteriori' della morte ha rivelato il significato del sogno "a li piú semplici," cosí un 'a posteriori' diverso, che non sarà altro che la comprensione del significato della vicenda narrata a nói da Dante, ci rivelerà il significato piú pieno del sogno. Ed è questo significato il solo che c'interessi, e cioè un significato che non si basi su criteri esterni all'opera stessa. Tale significato può essere solo parzialmente accennato attraverso un'analisi preliminare del sogno in questione, mentre sarà integrato attraverso la considerazione e l'analisi delle visioni e delle vicende successive.

"VIDE COR TUUM" 33

L'apparizione di Amore nel sogno rientra nell'atmosfera descrittaci nel secondo capitolo in rapporto agli effetti prodotti in Dante dall'apparire di Beatrice: ci riporta cioè a quel tremore e a quello sconvolgimento che fa dire allo spirito della vita: "Ecce deus fortior me, qui veniens dominabitur michi." E ci riporta a quella meraviglia dello spirito animale: "In quello punto lo spirito animale ... si cominciò a maravigliare molto, e parlando spezialmente a li spiriti del viso, sí disse queste parole: 'Apparuit iam beatitudo vestra.'" Amore s'impone a Dante attraverso un'immagine visiva,[3]

---

[3] Il desiderio di vedere questa bellezza domina l'amante: "Elli mi comandava molte volte che io cercasse per vedere questa angiola giovanissima" (V.N., cap II, p. 7). Il privilegio riservato alla vista come organo di conoscenza della bellezza è chiaramente, sia pur indirettamente, di origine platonica: "La vista infatti tra le sensazioni che ci pervengono attraverso il corpo, presenta acutezza piú grande. *Ma con la vista non si scorge sapienza.* Quale violenza d'amore non produrrebbero sapienza e gli altri obietti degni d'immenso amore se almeno un'ombra sola s'offerisse alla vista in modo manifesto! A Bellezza sola questa sorte fu concessa; del tutto chiaramente visibile e degna d'immenso amore come gli altri obietti" (Platone, "Fedro", *I dialoghi dell'amore, Carmide-Liside-Convito-Fedro*, trad. di E. Turolla, Milano: Rizzoli, 1953, p. 198). E sempre nel *Fedro* leggiamo a proposito di colui in cui la bellezza terrena risveglia il ricordo della bellezza ideale, quanto grande sia in lui l'anelito alla visione del "volto nel quale bellezza alberga" (op. cit., p. 199). Benché siamo perfettamente consapevoli del fatto che le poche possibili letture dirette di Platone all'epoca di Dante per qualcuno che non conoscesse il greco, non includessero il *Fedro*, siamo però anche consapevoli del fatto che l'influsso di Platone, sia pure attraverso una conoscenza indiretta, è senz'altro presente in Dante, quantunque richiederebbe uno studio a parte l'identificazione delle fonti indirette e delle citazioni attraverso cui tale influsso platonico si sarebbe fatto sentire in Dante. Siccome non è nostra intenzione svolgere in questo momento uno studio siffatto, ci limiteremo a rilevare nella nostra analisi la presenza di elementi platonici nella misura in cui tale rilievo ci sembrerà utile alla comprensione del testo. Non è superfluo poi ricordare, se siffatti riferimenti a Platone appaiono non direttamente connessi ad una lettura delle opere stesse in questione da parte di Dante, che fonte di conoscenza dei punti fondamentali della dottrina platonica potevano essere per il giovane autore oltre che le opere di Aristotele, le opere di Cicerone che gli erano certamente già familiari prima dell'epoca della stesura della prosa della *Vita Nuova*. Una conoscenza sia pure limitata delle opere di Cicerone può esser sufficiente per rendersi conto dell'innumerevole quantità di elementi e citazioni platoniche presenti in esse, e quindi dell'entità d'uno studio relativo. Lo stesso passo del *Fedro* cui ci siamo appena riferiti relativamente al privilegio assegnato da Platone alla vista, viene parzialmente citato da Cicerone nel *De Finibus:* "Oculorum, inquit Plato, est in nobis sensus acerrimus, quibus sapientiam non cernimus; quam illa ardentes amores excitaret sui, si videretur!" (London: William Heinemann; New York: The McMillan Co., 1914, libro II, cap. xvi, pp. 140-141).

A queste possibili fonti di conoscenza della filosofia platonica, cui si è accennato, son da aggiungere la traduzione latina del *Timeo* e il commentario che l'accompagna, entrambi opera di Calcidio e sorgenti fondamentali del platonismo medioevale.

e questa è l'immagine fisica di Beatrice: la vista è l'organo privilegiato in questa percezione della bellezza terrena, e sono immagini visive e non parole quelle che svolgono un ruolo fondamentale in questa prima visione:

> E pensando di lei, mi sopragiunse uno soave sonno, ne lo quale m'apparve una maravigliosa visione: che me parea vedere ne la mia camera una nebula di colore di fuoco, dentro a la quale io discernea una figura d'uno segnore di pauroso aspetto a chi la guardasse; e pareami con tanta letizia, quanto a sé, che mirabile cosa era; ... (V.N., cap. III, p. 10)

Un periodo del genere va letto con grande attenzione perché è soltanto attraverso un'accurata valutazione dei termini usati in esso, ch'è possibile penetrare nell'atmosfera soggettiva ed oggettiva della visione. L'aggettivo "maravigliosa" ci prepara al carattere insolito di essa: ma mentre "la nebula di colore di fuoco" si mantiene al livello di riecheggiamento biblico piuttosto esterno che interno alla visione, l'aggettivo "pauroso" ch'è usato per qualificare l'aspetto del signore che appare, contrastando in un certo senso a quel "maravigliosa" di prima, lo definisce meglio nel suo significato, che vien però colto nella sua pienezza solo attraverso la nota della grande "letizia" che pervade il signore della visione: "e pareami con tanta letizia, quanto a sé, che mirabile cosa era; ...," l'aggettivo "mirabile" ci riporta al "maravigliosa" iniziale, per ridefinirlo nell'ambito d'una sorta di riverente stupore: "e ne le sue parole dicea molte cose, le quali io non intendea se non poche; tra le quali intendea queste: 'Ego dominus tuus'." Gli aggettivi "maravigliosa", "pauroso", "mirabile" che abbiamo appena considerato nel contesto del III capitolo della *Vita Nuova* richiamano alla nostra mente il brivido, lo spavento immenso e la reverenza ispirati nell'uomo platonico dalla contemplazione della bellezza terrena, e in entrambi i casi vediamo interporsi tra l'amante e la bellezza contemplata l'immagine d'una divinità: "Ego dominus tuus" (V.N., cap. III, p. 11), "... come a un Dio in persona, farebbe sacrifici alla creatura amata."[4] Una nota profondamente platonica sem-

---

[4] Ancora una volta desideriamo rifarci a quei passi del *Fedro* in cui vengono descritti gli effetti della visione della bellezza terrena in quegli in cui il ricordo della bellezza ideale non s'è del tutto spento:

bra colorire la descrizione dantesca degli effetti della bellezza sull'amante, come platonica è la fondamentalità del ruolo assegnato alla vista come via di percezione della bellezza e sorgente prima di amore.

L'aggettivo "maravigliosa" riferito alla visione di Dante, aggettivo che abbiamo già considerato nel contesto del capitolo III, ha una sua rispondenza nel "maravigliare" riferito nel capitolo II allo spirito animale: "In quello punto lo spirito animale... si cominciò a maravigliare molto." C'è indubbiamente una rispondenza tra la descrizione degli effetti di Amore sull'amante nel capitolo II, e la visione che ci vien descritta nel capitolo III. L' "Apparuit iam beatitudo vestra" del II capitolo è parallelo all'immagine della donna che appare nelle braccia di Amore nel capitolo III, la quale nella sua nudità e nella sua staticità è un'espressione visiva potenziata di quell'immagine ch'era stata definita la beatitudine dell'organo della vista. Le uniche frasi intelligibili di Amore in questa visione: "Ego dominus tuus," "Vide cor tuum," corrispondono esattamente a quelle pronunciate dallo spirito della vita nel capitolo precedente: "Ecce deus fortior me, qui veniens dominabitur michi." Il cuore ardente è il cuore infiammato dalla passione, quel cuore nella cui "secretissima camera" dimora lo spirito della vita. L'immagine del fuoco e calore ardente originati dalla passione, è immagine molto comune, per cui si potrebbero trovare molteplici fonti. Ma ciò che desideriamo notare è il valore particolare di tale immagine nella dinamica della visione e narrazione dantesche. E' solo nella visione che il cuore appare come ardore di fuoco: "E ne l'una de le due mani mi parea che questi tenesse una cosa la quale ardesse tutta." Anche in quest'immagine del cuore ardente vediamo come un potenziamento di ciò che s'era visto già nel capitolo precedente: il cuore sembra completamente dominato dalla passione, mentre la passione amorosa di cui si parlava nel II capitolo "era di sí

    Ma chi recente tornò dalle iniziazioni sante, chi un tempo fu contemplatore grande: egli vede sembianze che paiono d'un Dio; sembianze o anche altra corporea forma che bellezza perfettamente imitano.
    Un brivido lo prende. Quello spavento immenso ancora, come un tempo. Si volge a guardare. E come fosse un Dio egli adora.
    Se non sorgesse un senso di timore (folle interamente lo si potrebbe giudicare) come a manifesta immagine d'un Dio, come a un Dio in persona, farebbe sacrifici alla creatura amata. (op. cit., p. 198)

nobilissima vertú, che nulla volta sofferse che Amore mi reggesse senza lo fedele consiglio de la ragione in quelle cose là ove cotale consiglio fosse utile a udire" (V.N., cap. II, p. 8). Una siffatta dialettica di passione e ragione la si ritrova in quella ch'è la fonte indiretta della dottrina dantesca dello spirito animale, dello spirito della vita e dello spirito naturale:[5] se infatti il *Timeo* platonico non è potuto essere la fonte diretta della dottrina dantesca, ad esso s'è però ispirato Calcidio nell'esposizione di tale dottrina platonica nel suo commentario alla traduzione latina del *Timeo*, e ad esso si riconducono da ultimo le fonti spesso addotte dai critici in rapporto a questa distinzione dei tre spiriti che si trova nella *Vita Nuova*.[6] Non è superfluo sottolineare la diffusione che ebbe nel Medioevo il *Commentarius* di Calcidio, che assieme alla traduzione di circa due terzi del *Timeo* fu per diversi secoli la sorgente fondamentale di conoscenza della filosofia platonica nel mondo occidentale. Desideriamo inoltre rilevare l'intonazione platonica della dottrina dei tre spiriti nella forma in cui essa appare nella *Vita Nuova*, in quanto, sia pure evocata da Dante indipendentemente da qualsiasi elaborazione filosofica, emerge sottolineando ai fini d'una drammatizzazione dello stato d'animo del poeta, quella divisione platonica dell'anima, che assimilata dalla stessa filosofia cristiana, era stata

---

[5] La fonte indiretta di tale dottrina dantesca è il *Timeo* platonico. Vedi: Plato, *Timaeus, Critias, Cleitophon, Menexenus, Epistles,* trans. by Rev. R.G. Bury; The Loeb Classical Library, Plato 7 (Cambridge, Massachusetts: Harvard University Press; London: William Heinemann LTD, 1952), 69B-72D, pp. 178-89.

Durante il Medioevo il *Timeo* è stato la prima sorgente di conoscenza della filosofia platonica (vedi: E. Moore, *Studies in Dante.* 1st series, Oxford: Clarendon Press, 1896, pp. 156-57; A.E. Taylor, *Platonism and its Influence.* New York: Longmans, Green and Co, 1932, pp. 20-21); di traduzioni latine ne esistevano due, una di Cicerone (P. Shorey, *Platonism Ancient and Modern,* Berkeley: University of California Press, 1938, p. 104) concernente solo alcuni passi dell'opera, e una di Calcidio arrestantesi al paragrafo 53C (Calcidius, *Timaeus a Calcidio Translatus Commentarioque Instructus,* ed. J.H. Waszink, London-Leiden: In Aedibus Instituti Warburgiani et E.J. Brill, 1962).

Dato che la traduzione di Calcidio non va oltre il paragrafo 53C, Dante non può aver appreso tale dottrina direttamente attraverso la lettura della versione latina del *Timeo;* ma può averne avuto notizia attraverso il commentario di Calcidio al *Timeo* (op. cit., pp. 244-47) e attraverso riferimenti ciceroniani (vedi: M.T. Cicero, *Academicorum ad M. Varronem Libri II,* Lipsiae: In Aedibus B.G. Teubneri, 1881, II, 124, p. 75; M.T. Cicero, *De Divinatione,* ed. by A.S. Pease, Darmstadt: Wissenschaftliche Buchgesellschaft, 1963, I, 60-61, pp. 199-202).

[6] Tra le fonti cristiane di tale dottrina, che vengono citate dagli interpreti, ricordiamo tra le più comuni la *Summa Theologiae* di San Tommaso e il trattato

però da quest'ultima subordinata ad un principio fondamentalmente unitario.[7]

Rifarci a questa fonte della dottrina dantesca dei tre spiriti significa richiamare alla mente una fonte che è secondo me fondamentale ai fini d'una comprensione del tipo particolare di drammaticità che è alle radici della visione, drammaticità che ha le sue

---

De Anima attribuito a Ugo di San Vittore. Quest'ultima fonte, additata dapprima dal Carducci nell'edizione D'Ancona, è stata quella che ha avuto maggior successo tra i commentatori della *Vita Nuova* (vedi lo stesso Casini nel suo commento alla *Vita Nuova*, op. cit., p. 6). In una sua comunicazione del 1910 Francesco Flamini discute questa fonte, che è tra l'altro d'autore incerto e non riferibile ad Ugo di San Vittore (F. Flamini, "Un passo della *Vita Nuova* e il *De Spiritu et Respiratione* di Alberto Magno", *Rassegna bibliografica della letteratura italiana*, 18 [1910], 168-74).

La nuova fonte addotta dal Flamini è il *De Spiritu et Respiratione* di Alberto Magno (fonte questa, che viene accettata senza discussioni da D. De Robertis in *Il libro della Vita Nuova*, Firenze: Sansoni, 1961, pp. 32-33). E' indubbiamente valida la critica del Flamini all'individuazione del trattato *De Anima* come fonte dantesca (trattato che consta di quattro libri tutti di autori incerti e nessuno ascrivibile a Ugo di San Vittore), com'è del resto valida l'istanza che lo muove alla ricerca d'una fonte, che, oltre "alla pura e semplice nozione scientifica" della dottrina dei tre spiriti, la quale era all'epoca di Dante "nozione scientifica 'fondamentale'" e reperibile nelle enciclopedie, contenesse la descrizione del "funzionare di quei tre spiriti, in guisa analoga a quella onde il poeta" aveva "tratto partito pe' suoi artistici intendimenti" (op. cit., p. 169). Ciò che troviamo discutibile è piuttosto la nuova fonte indicata da questo studioso: innanzi tutto essa non risponde all'istanza che l'aveva portato a ricercare una fonte diversa da quelle tradizionalmente addotte dagli interpreti. I passi del *De Spiritu et Repiratione* citati dal Flamini non gettan luce sul funzionamento dei tre spiriti piú di quanto non lo faccia il passo del *De Anima*, che è di solito indicato come fonte di questa dottrina. A ciò si aggiunga il fatto che secondo Alberto Magno "Lo spirito ... ha origine tutto dal cuore, il quale ha virtú generale: negli altri organi principali (come il cervello e il fegato), che hanno virtú particolari, esso si determina e si specifica. Perciò il principio sensitivo, benchè abbia il suo organo nel cervello, pure è diretto al cuore; e al cuore si dirigono gli spiriti tutti, 'licet alius sit *vitalis* et alius *naturalis* et alius *animalis*'" (F. Flamini, op. cit., p. 172). Particolare questo d'importanza fondamentale nell'esposizione dottrinale della concezione suddetta, e che non appare assolutamente nell'elaborazione artistica dantesca. Inoltre tutti gli argomenti addotti dal Flamini per sostanziare la validità della sua tesi in base all'indubbia conoscenza che Dante ebbe di quest'opera di Alberto Magno, si riferiscono a passi del *Convivio* in cui tale conoscenza verrebbe testimoniata (op. cit., pp. 171-72). Ma è chiaro a qualsiasi dantista che il *Convivio* rispecchia nella formazione culturale di Dante una fase posteriore e assai piú complessa di quella riflessa nella *Vita Nuova*.

[7] Il modo in cui si configura tale dottrina nella *Vita Nuova* non ci riconduce in modo specifico a sorgenti cristiane, ma per quella tricotomia dell'anima che vien sottolineata in funzione dell'espressione artistica, rivela, al di fuori di qualsiasi implicazione filosofica, il suo legame con quella dottrina platonica che sarà da Dante apertamente rifiutata in una valutazione filosofica della stessa nel IV del *Purgatorio*

origini in questa duplice possibilità del cuore di ascoltare la ragione o di essere dominato dalla passione.[8]

L'inizio della visione è piú descrittivo che drammatico: ma da questa staticità iniziale d'immagini si passa alla drammaticità ed azione della seconda parte:

> E quando elli era stato alquanto, pareami che disvegliasse questa che dormia; e tanto si sforzava per suo ingegno, che le facea mangiare questa cosa che in mano li ardea, la quale ella mangiava dubitosamente. Appresso ciò poco dimorava che la sua letizia si convertia in amarissimo pianto; e cosí piangendo, si ricoglica questa donna ne le sue braccia, e con essa mi parea che si ne gisse verso lo cielo; ... (V.N., cap. III, pp. 11-12)

Abbiamo già visto che "questa cosa che in mano li ardea" è un cuore ardente ed è in particolare il cuore di Dante: una voluta indefinitezza delle immagini e delle frasi pronunciate nella visione è caratteristica della tecnica rappresentativa seguita qui da Dante. Comunque questa indefinitezza non pregiudica la chiarezza del

---

> Quando per dilettanze o ver per doglie
> che alcuna virtú nostra comprenda
> l'anima bene ad essa si raccoglie
> par ch'a nulla potenza piú intenda;
> e questo è contra quello error che crede
> ch'un'anima sovr'altra in noi s'accenda.
> (*Purgatorio*, canto IV, vv. 1-6).

Questi versi, che spesso son stati fraintesi dai commentatori, si riconnettono al processo di accensione simultanea delle diverse parti dell'anima cui assistiamo nel II capitolo della *Vita Nuova* (V.N., cap. II, pp. 6-7). Il passo del secondo capitolo del libello in cui vien descritto l' "accendersi" simultaneo delle diverse parti dell'anima, è secondo me il commento piú esauriente che si possa offrire al discusso verso dantesco "ch'un'anima sovr'altra in noi s'accenda," e l'assenza in quest'opera di un'elaborazione e valutazione filosofica della dottrina addotta, è elemento culturale da non ignorarsi in un tentativo di soluzione del problema della datazione della *Vita Nuova*.

[8] Una volta situata nel cervello la parte immortale dell'anima o piuttosto l'anima immortale, Platone passa a considerare nel *Timeo* le due parti mortali dell'anima. Desidero citare quella parte della sua esposizione che si riferisce a quella parte dell'anima che ha sede nel cuore:

> That part of the soul, then, which partakes of courage and spirit, since it is a lover of victory, they planted more near to the head, between the midriff and the neck, in order that it might hearken to the reason, and, in conjunction therewith, might forcibly subdue the tribe of the desires

rituale che qui si svolge. Amore emergendo dall'ieraticità iniziale della sua rappresentazione, sveglia la donna e con sapiente arte l'induce a mangiare il cuore: atto questo ch'ella compie "dubitosamente." Dopo di ciò è breve l'indugio, ché la letizia di Amore si muta in "amarissimo pianto."

Gli elementi che appaiono nella visione son tutti elementi che ci son familiari: ciò ch'è da interpretarsi è il loro ruolo nell'ambito della visione. In base a ciò che s'è già detto mi sembra che non sia difficile ammettere che il cuore ardente è il cuore dominato dalla passione. E si noti che qui nella visione il cuore arde tutto: non v'è allusione ad alcunché che ne temperi l'ardore. Nella camera del cuore Dante fa dimorare lo spirito della vita: per capire meglio che cosa intenda Dante per "spirito de la vita" è utile rifarci alla dottrina dell'anima qual'è esposta nel *Timeo* platonico (e in conformità al *Timeo* procede l'esposizione della stessa dottrina nel *Commentarius* di Calcidio). Secondo il *Timeo* (69 D e sgg.) nella parte del

---

whensoever they should utterly refuse to yield willing obedience to the word of command from the citadel of reason. And the heart, which is the junction of the veins and the fount of the blood which circulates vigorously through all the limbs, they appointed to be the chamber of the bodyguard, to the end that when the heat of the passion boils up, as soon as reason passes the word round that some unjust action is being done which affects them, either from without or possibly even from the interior desires, every organ of sense in the body might quickly perceive through all the channels both the injunctions and the threats and in all ways obey and follow them, thus allowing their best part to be the leader of them all (op. cit., 70A-B, pp. 181-183).

Benché si tratti d'un passo che avulso dal contesto in cui è inserito perde gran parte della sua pregnanza di significato, ritengo che sia possibile anche per il non-specialista, inserirlo in un contesto platonico generale e rilevarne lo spunto d'intensa drammaticità ch'è insito in esso, drammaticità ch'è poi la radice ultima del conflitto che contrassegna l'ascesa, o, usando un termine significante nel contesto mitologico in cui Platone esprime la sua concezione dell'itinerario dell'anima verso il mondo dell'essere, il volo dell'anima verso il suo elemento originario.

Tale spunto drammatico è presente nell'esposizione che Calcidio offre della dottrina platonica dell'anima nel commentario alla sua traduzione latina del *Timeo*. Desidero citare in particolare i passi ad essa relativi contenuti nella sezione IX del *Commentarius*, e cioè in quella sezione che ha per titolo "Causae cur hominum plerique sint sapientes, alii insipientes":

CCXXIX. Alia igitur significatione diuersaque res generata et item alia diuersaque sine generatione anima esse dicitur a Platone, cuius diuersissimae uires sint. Est enim quaedam uirtus eius in ratiocinando et item alia quae dicitur uigor iracundiae et item quae cupit; quae species sunt appetitus, quae tamen rationi naturaliter pareant. Erit igitur optima uirtus eius quae ratiocinatur, ceterae secundae ac tertiae potestatis. Haec Plato de anima sentit; quae strictim breuiterque a nobis decursa sunt. (op. cit., p. 244)

corpo al di sotto del collo ha sede la parte mortale dell'anima o piuttosto il genere mortale di anima che l'uomo ha accanto all'immortale: essa si divide in una parte migliore che risiede nella camera del cuore, e in una peggiore che dimora in quella parte del corpo da cui si dirama il nutrimento a tutte le altre parti. La qualifica di peggiore e di migliore cui si è accennato, dipende solo dalla possibilità di queste funzioni, cui presiedono queste diverse parti dell'anima, di ascoltare il consiglio della ragione. Il cuore in cui dimora una delle parti mortali dell'anima, ha come una funzione mediatrice tra le passioni e la ragione: e delle due parti mortali dell'anima è la sola che abbia questa possibilità di ascoltare la ragione e d'imporre ai desideri e alle passioni la soggezione al dominio della ragione. Questa funzione equilibratrice del cuore rispetto ai desideri e alle passioni, non si adempie necessariamente nel senso della ragione. Ed è appunto il cuore, che come sede degli affetti terreni, da questi stessi affetti può essere soggiogato. Lasciato da parte il consiglio della ragione, il cuore arde tutto dominato dalla passione: la passione rinchiude l'uomo nell'ambito della sua anima

---

CCXXXI. Rationabili uelut arx corporis et regia, utpote uirtuti quae regali quadam eminentia praestet, id est domicilium capitis, in quo habitet animae principale, quod ad similitudinem mundi sit exaedificatum, teres et globosum, purum separatumque ab ea quae cibo alimentisque nascatur illuuie; in quo quidem domicilio sensus quoque habitent, qui sunt tamquam comites rationis et signi <feri>, scilicet ut de proximo sensibus interpellantibus statuatur super his quae sentientur atque etiam intellectus a <delibe> ratione aduocatus facile ab ea commonefiat eorum omnium quae quondam uidit, [et] imaginum recordatione ad ueri spectaculi commemorationem retractus. . . . .
. . . .
(op. cit., p. 245)

CCXXXII. Illud uero aliud principale, quod secundae dignitatis esse praediximus, non rationabilis animantis, sed id ipsum animantis. Commune ergo ut animalis in corde ac mediate, ut uero rationabilis animantis in cerebro. Unde cetera quidem animalia uno utuntur principali, quod in corde est, at uero homo duobus, uno in corde, altero in capite. Certe hominis membra sequuntur ordinationem mundani corporis; quare si mundus animaque mundi huius sunt ordinationis, ut summitas quidem sit dimensa caelestibus hisque subiecta diuinis potestatibus quae appellantur angeli et daemones, [in] terra uero terrestribus, et imperant quidem caelestia, exequuntur uero angelicae potestates, reguntur porro terrena, prima summum locum obtinentia, secunda medietatem, ea uero quae subiecta sunt imum, consequenter etiam in natura hominis est quiddam regale, est aliud quoque in medio positum, est tertium in imo, summum quod imperat, medium quod agit, tertium quod regitur et administratur. Imperat igitur anima, exequitur uigor eius in pectore constitutus, reguntur et dispensantur cetera pube tenus et infra.

mortale. E' proprio la congiunzione e la compenetrazione con questa realtà corporea che fa vivere all'anima l'esperienza della propria morte. L'atto cui Amore nella visione dantesca spinge la donna, è atto d'identificazione con una forma tutta terrena d'Amore: è atto d'assimilazione ad essa, e come atto d'identificazione e d'assimilazione implica una presa di coscienza da parte di Amore di quella mutilazione, cui esso stesso si condanna, e che qui è presentata come esperienza di morte. L'angoscia che accompagna l'acconsentimento della donna a cibarsi del cuore ardente ("la quale ella *dubitosamente* mangiava"), qualifica univocamente il carattere dell'esperienza vissuta dalla donna, ch'è esperienza d'assimilazione a quella forma d'amore che nel suo aspetto piú letterale, in quanto congiunta per opposizione all'idea della morte fisica, è apportatrice d'angoscia. Il pianto "amarissimo" è il pianto di Amore, che si definisce qui come una superiore autocoscienza delle vicende

CCXXXIII. Atque hanc candem ordinationem inuenimus etiam in libris Politiae. In quibus cum ea iustitia quaereretur qua homines aduersum se utuntur, haec porro tunc conualescit, cum animae potestates opificia sua recognoscunt nec aliena appetunt, ex unius hominis ingenio ad illustre ciuitatis et populi confugit exemplum et de gentium disputat iustitia. Principales quidem urbis illius uiros ut prudentissimos sapientissimosque editores urbis locos habitare iussit, post hos militarem atque in armis positam iuuentutem, quibus subiecit sellularios atque uulgares, ut illi quidem ut sapientes praecepta dent, militares agant atque exequantur, uulgares uero competens et utile praebeant ministerium. Sic animam quoque ordinatam uidemus: rationabilem quidem partem eius, ut sapientissimam, principem partem obtinentem tamquam totius corporis capitolium, uigorem uero qui est iracundiae similis ut militarem iuuentutem in cordis castris manentem, uulgare et sellularium, quod est cupiditas seu libido, inferioribus abditum occultatumque natura. (op. cit., pp. 246-47)

Questi passi del *Commentarius* di Calcidio illuminano significativamente la drammatizzazione dantesca della dottrina dei tre spiriti: il rapporto dinamico in cui si trovano le parti dell'anima secondo la dottrina di Platone, è posto in evidenza da Calcidio attraverso molteplici esempi tutti tratti dalla filosofia platonica, e attraverso di essi è rilevata la possibilità drammatica che si prospetta all'anima che si sottragga all'equilibrio di un ordine che abbia il suo fulcro in quella parte razionale dell'essere, cui sola spettano tutte le prerogative regali.

Ci sembra che in questi passi da noi riferiti piuttosto che in quelli del *De Spiritu et Respiratione* di Alberto Magno, citati dal Flamini nel suo articolo, si riscontri la fonte dottrinale della dottrina dei tre spiriti nella versione data ad essa nella *Vita Nuova*. E' chiaro che la terminologia dantesca è legata al suo tempo, in cui, come afferma il critico succitato, tale dottrina era "nozione scientifica 'fondamentale'" (op. cit., p. 169), ma anche nella terminologia riscontriamo dei particolari che rinviano direttamente all'esposizione di Calcidio, e indirettamente all'originario testo platonico. Espressioni come *domicilium* e *habitare* ricorrono nel testo del commenta-

dell'amore di Dante. L'atto del cibarsi del cuore dell'amante da parte della donna [9] deve essere interpretato come significante l'atto d'unione fisica che in quanto atto generatore congiunto all'idea del suo opposto, la morte fisica, si carica qui del significato spirituale d'assimilazione ad una forma mutilata d'amore, ad una forma d'amore che non si può ulteriormente svolgere e che ha in sé stessa la sua morte (intendendo per morte in questo caso l'esclusione d'uno svolgimento d'Amore verso forme più perfette). L'esperienza d'una morte tutta spirituale è la nota più pregnante del sogno: ed è questo il significato che Dante ha inteso dargli. La frase "verso il cielo" ch'è aggiunta nella prosa al verbo "gire" che appare da solo nel sonetto corrispondente, sottolinea la direzione che Amore, pedagogo, indica a Dante. Non v'è in questa frase secondo me alcun riferimento alla morte fisica di Beatrice: la morte fisica è il fatto che può suggerire anche a "li più semplici" il significato della visione, ch'è un'esortazione al superamento dell'amore che si condanna ai legami del corpo. Ma il significato che Dante ha dato alla sua visione quando l'ha inserita nella *Vita Nuova*, è quello d'un

---

rio calcidico (op. cit., p. 245 e p. 248; vedi anche l'espressione platonica "οἴκησις" che ricorre nel *Timeo* in occasione dell'esposizione della dottrina dell'anima umana, op. cit., p. 180), e sono perfettamente rispondenti alle espressioni dantesche *camera* e *dimorare*, adoperate in rispondenza agli stessi soggetti (V.N., cap. II, pp. 6-7). Come pure l'aggettivazione di quel passo della *Vita Nuova* che si riferisce alla sede dello spirito animale ("In quello punto lo spirito animale, lo quale dimora ne l'*alta camera*...," V.N., cap. II, p. 7), rinvia a quel passo del testo calcidico riferentesi allo stesso argomento: "Rationabili uelut arx corporis et regia, utpote uirtuti quae regali quadam eminentia praestet, id est domicilium capitis, in quo habitet animae principale, ..." (op. cit., p. 245). Si noti che le succitate rispondenze terminologiche non sono reperibili in quei passi di altri autori di solito addotti come fonti della versione dantesca di tale dottrina.

[9] Riguardo a quest'atto del cibarsi del cuore dell'amante abbiamo le ampie note, riferentisi alla tradizione letteraria e alla tradizione popolare ad esso relativa, di alcuni illustri commentatori: vedi in particolare la nota di Alessandro D'Ancona nel suo commento alla *Vita Nuova* (*La Vita Nuova*, edita da A. D'Ancona, Pisa: Libreria Gallileo già ff. Nistri, 1884, pp. 32-36) e quella del Melodia (op. cit., pp. 29-30).

Seguendo la tradizione popolare il significato più comune di questa leggenda del cuore mangiato è quello di tutti quei riti consistenti nel divorare parti del corpo di un essere al fine di assimilarne le qualità (vedi: J. G. Frazer, *The New Golden Bough*, ed. by T. H. Gaster, New York: The New American Library of World Literature Inc., 391-396, pp. 540-43).

Tale credenza ha assunto una veste particolare nella vicenda dell'amante che, ignara, si pasce del cuore dell'amato, motivo questo che si riscontra di frequente

fatto divinatorio, nel senso d'insegnamento che viene dall'alto, e d'insegnamento ch'è al di sopra dell'attuale livello di razionalità del soggetto che sperimenta la visione. L'inserzione di siffatta visione nell'opera implica naturalmente la piena consapevolezza da parte dell'autore della funzione e del significato della visione nell'ambito dell'opera stessa. E' per questo che l'analisi del sogno come l'abbiamo svolta noi è solo preliminare rispetto ad una comprensione piú profonda di esso che si può avere riguardando il sogno nel contesto dell'intera opera. Infatti la tecnica della visione risponde alla tecnica retrospettiva adottata da Dante nella *Vita Nuova*; essa implica anticipazione di elementi e significati, che s'intenderanno a pieno solo attraverso un'interpretazione completa del testo.

---

nella tradizione letteraria. Scrive il Child nella sua nota alla ballata No. 269 "Lady Diamond:

> The incident of a husband giving his wife her lover's heart to eat occurs in a considerable number of tales and poems in literature, and in all is obviously of the same source.
> Ysolt, in the romance of Tristan, twelfth century, sings a lai how Guirun was slain for love of a lady, and his heart given by the count to his wife to eat. (Michel, III, 39, vv. 781-90).
> Ramon de Castel Rossillon (Raimons de Rosillon) cut off the head of Guillems de Cabestaing, lover of his wife, Seremonda (Margarita), took the heart from the body, 'fetz lo raustir e far pebrada,' and gave it to his wife to eat. He then told her what she had been eating (showing her Cabestaing's head), and asked her if it was good. So good, she said, that she would never eat or drink more; hearing which, her husband rushed at her with his sword, and she fled to a balcony, let herself fall (threw herself from a window), and was killed. (Chabaneau, *Les Biographies des Troubadours en langue provençale* pp. 99-103, MSS of the thirteenth and the fourteenth century). (James Francis Child, *The English and Scottish Popular Ballads,* 5 vols., 1882-98; rpt. New York: The Folklore Press, 1956, V, 32-33)

Sarebbe superfluo elencare qui le innumerevoli versioni di tale leggenda nella letteratura europea, cui il Child si riferisce. Limitandoci alla tradizione italiana, dobbiamo notare che tracce di essa si ritrovano in una storia che risale all'incirca al 1300 e che è inclusa nella raccolta *Cento Novelle Antiche* (vedi motivo Q. 478.1, *The Eaten Heart*, D.P. Rotunda, *Motif index of the Italian Novella in Prose*, Bloomington: Indiana University Publications, Folklore Series, 1942, p. 173).

Boccaccio narra questa vicenda nella nona novella della quarta giornata del *Decameron*. Questo rituale del cibarsi del cuore dell'amante (non è pero necessariamente il cuore la parte mangiata; vedi motivo Q. 478.1, "The Eaten Heart", S. Thompson, *Motif-Index of Folk Literature*, Bloomington: Indiana University Press, 1957, V, 238), ha in genere in questa tradizione il significato di equivalente dell'atto sessuale, che nella veste particolare che la storia assume nella novella del

Boccaccio è chiaramente congiunto al rituale della morte dell'amante, attraverso la quale si adempie quella vendetta che trova però il suo compimento solo nell'indissolubile congiungersi ed identificarsi dell'atto delittuoso coll'atto di congiungimento fisico, ch'è come vendicato e rinnovellato ad un tempo in quel cibarsi del cuore della vittima.

Secondo il Clouston tale leggenda fu importata probabilmente dall'oriente, forse dai crociati:

> It is probable the story was brought to Europe by the Crusaders, or by pilgrims returned from the Holy Land, whither it may have migrated from India, through Persia, since it is a very old and favourite legend in the Panjáb, where it is still recited by the Bháts, or minstrels, of Rasálú, son of Rájá Sálbúhan, *circa* A.D. 78 (W.A. Clouston, *Popular Tales and Fictions, Their migrations and Transformations*, 2 vols., 1887; rpt. Detroit [Michigan]: Singing Tree Press, 1968, II, 191-92).

Questa via per cui essa sarebbe penetrata in Europa, è solo ipotetica, ma, lasciando da parte il come essa fu importata, è ormai opinione sempre piú invalsa tra gli specialisti che le sue origini siano orientali e precisamente in una storia indiana tuttora circolante nel nord dell'India (Panjáb). Molto interessante in proposito è lo studio di J. E. Matzke, "The Legend of the Eaten Heart" (*Modern Language Notes*, 26 [1911], 1-8), in cui questo studioso analizza le origini di questa leggenda e i rapporti tra quelle versioni di essa che sono accomunate da alcuni motivi fondamentali: l'analisi del Matzke si limita a quelle tre storie in cui "the lover is slain by the husband and where the wife, when she learns the cruel facts, precipitates herself from the window or wall of the place where the dreadful meal had been eaten" (op. cit., p. 3). Queste tre storie sono la storia indiana di Rájá Rasálú, la biografia di Guilhem de Cabestaing (di cui si hanno due versioni di diversa lunghezza), la novella boccaccesca di Messer Guiglielmo Rossiglione e Messer Guiglielmo Guardastagno.

Il Matzke riconosce l'origine orientale di tale leggenda e riconduce alla fonte orientale sia la versione indiana tuttora diffusa tra gli abitanti del Panjáb, sia una versione provenzale, ora perduta, da cui sarebbero derivate sia la versione boccaccesca che la versione piú lunga della biografia di Guilhem de Cabestaing (op. cit., p. 8).

Ciò che a noi interessa in particolare in rapporto alla nostra ricerca è, oltre all' antichità delle origini di questa leggenda, la possibile diffusione di essa all'epoca di Dante attraverso un'antica versione provenzale ora perduta: e naturalmente c'interessa sottolineare il significato particolare che in essa assume l'atto del divorare un membro del corpo umano. Già abbiamo rilevato tale significato in riferimento alla novella del Boccaccio. La similarità delle tre versioni, indiana, provenzale e boccaccesca, chiaramente posta in evidenza dal Matzke, non lascia dubbi sull'identità di significato della vicenda ch'è in esse narrata: le parole di Rasálú che nella versione indiana rivela alla moglie che oggetto del suo pasto delizioso è stata la carne di colui ch'ella aveva goduto da vivo (vedi J.E. Matzke, op. cit.,.p. 7), coincidono indiscutibilmente con la risposta data da Guiglielmo Rossiglione alla moglie nella nona novella della quarta giornata del *Decameron*.

L'unità dei due elementi *amore* e *morte* è il motivo che emerge nella rielaborazione dantesca del rituale del cibarsi del cuore dell'amante, rituale che è dal poeta piegato al significato individualissimo della sua storia. Una variazione di significato nel contesto della prosa, rispetto all'originaria espressione poetica, è da considerarsi possibile, come lo è d'altronde rispetto a qualsiasi altro componimento poetico della *Vita Nuova*, una volta che è stato immesso nella dinamica d'una narrazione complessa.

CAPITOLO III

"SIMULACRA"

> Da questa visione innanzi cominciò lo mio spirito naturale ad essere impedito ne la sua operazione, però che l'anima era tutta data nel pensare di questa gentilissima; onde io divenni in picciolo tempo poi di sí fraile e debole condizione, che a molti amici pesava de la mia vista; e molti pieni d'invidia già si procacciavano di sapere di me quello che io volea del tutto celare ad altrui. (V.N., cap. IV, pp. 15-16)

Lo spirito naturale, cioè quella parte dell'anima mortale che presiede, secondo questa dottrina accettata da Dante, alla distribuzione del nutrimento alle diverse parti del corpo, è quella parte dell'anima ch'è maggiormente impedita nelle sue funzioni: è già chiaro a questo punto che l'aspetto propriamente fisico di quest'amore è subordinato ad una forma piú spirituale di amore. Amore guida Dante "secondo lo consiglio de la ragione," ma lo domina e si manifesta nel suo aspetto fisico: "onde io divenni in picciolo tempo di sí fraile e debole condizione;" ciò nonostante la letizia è il sentimento che accompagna quest'amore. E il sorriso, ch'è risposta al malvagio domandare di molti, e l'invidia, che li spingeva a violare la volontà di segretezza di quest'amore, sono entrambi espressione, sia pure in senso contrario, di questa letizia. La volontà di segretezza che l'accompagna, porta Dante alla creazione di quegli schermi "de la veritade" (V.N., cap. V, pp. 16-18), che avrebbero dovuto soddisfare ed ingannare ad un tempo la curiosità di quei molti che con spirito d'invidia gli rivolgevano domande. Non solo, ma questi schermi diventano anche occasione per esprimere talvolta ciò che il poeta vorrebbe dire in riferimento alla sua donna:

> Amor, non già per mia poca bontate,
> ma per sua nobiltate,
> mi pose in vita sí dolce e soave,
> ch'io mi sentia dir dietro spesse fiate:
> "Deo, per qual dignitate
> cosí leggiadro questi lo core have?"
> (V.N., son. II, cap. VII)

Se la partenza della prima donna, che era servita a Dante per tener lontana dalla curiosità della gente l'identità vera della donna da lui amata, è servita di spunto per la composizione del secondo sonetto della *Vita Nuova* e per un'espressione indiretta del suo stato d'animo, altri motivi occasionali servono a Dante di spunto per le composizioni poetiche successive, cioè per il terzo e il quarto sonetto: in essi infatti il poeta piange la morte di "una donna giovane e di gentile aspetto molto," la quale egli aveva veduta "fare compagnia a quella gentilissima" (V.N., cap. VIII, p. 22). Ed è proprio questo e cioè il fatto ch'egli aveva visto questa donna giovane e gentile in compagnia di Beatrice, che lo spinge a cantare la morte della donna in sonetti in cui il pensiero di Beatrice è il motivo propriamente ispiratore: piú direttamente in "Piangete, amanti," solo indirettamente in "Morte villana." Pretesti esterni all'amore di Dante dominano la poesia di questi primi capitoli,[1] e la morte stessa appare qui come motivo esterno all'anima del poeta, e rivestita delle solite

---

[1] I motivi che dominano i capitolo V-VIII sono motivi tradizionali e convenzionali: tale l'espediente della donna-schermo, il motivo della partenza della donna amata (o apparentemente amata), e infine quello della morte. Secondo me la convenzionalità ed esteriorità dei motivi sono esteriorità e convenzionalità che implicano una consapevolezza da parte dell'autore nella prosa. Che questi componimenti poetici che son stati inseriti da Dante nei capitoli V-VIII, siano accomunati da una certa convenzionalità di motivi che non troviamo in uguale misura nei componimenti posteriori, è indice d'una scelta consapevole da parte dell'autore, che li ha situati là dove la convenzionalità dei motivi poetici doveva aver come corrispondente la forma inautentica di cui si rivestiva l'amore di Dante in questa fase del suo svolgimento spirituale. E che si tratti di forma inautentica di Amore ci sarà detto attraverso le mirabili immagini del capitolo IX, che si presenta come epilogo a questa convenzionalità e che dischiude la via ad una nuova fase spirituale.

immagini tradizionali: "villana Morte", "Morte villana, di pietà nemica, / di dolor madre antica, / giudicio incontastabile gravoso." E' stato notato che tali sonetti risentono, sia nella materia che nella forma, l'influenza di poeti anteriori:[2] lo stesso motivo dell'invettiva contro la morte è motivo comune nella poesia del Duecento. Ma piuttosto che la convenzionalità dell'immagine della morte, c'interessa rilevare l'occasionalità del motivo suddetto: ed è l'occasionalità del motivo ch'è parallela alla convenzionalità della trattazione. Nel sonetto "Piangete, amanti" il carattere occasionale del motivo della morte è evidente per il rilievo dominante di altri motivi: non è la morte della "donna giovane e di gentile aspetto molto" ch'è qui pianta, o perlomeno questo è solo il motivo occasionale esterno, laddove il centro poetico del sonetto è il pianto di Amore che piange in Beatrice. La Morte presentata anche in questo sonetto come "villana Morte" non è drammatizzata nel suo significato, ma vista piuttosto, conformemente al tono del sonetto, come distruggitrice di quella bellezza ch'è stretto correlato dell'amore terreno. La convenzionalità della trattazione del motivo della morte è più evidente nel sonetto "Morte villana", in cui la Morte è il motivo centrale e l'unica interlocutrice del poeta: ancora qui la Morte è presentata come nemica d'Amore e distruggitrice di bellezza e cortesia. La presenza di questi sonetti nella prima parte dell'opera non è secondo me casuale, come d'altronde non è casuale la convenzionalità della trattazione del motivo della morte e l'occasionalità della trattazione stessa. Se si volge lo sguardo indietro e si considera la profondità di significato del primo sonetto della *Vita Nuova*, e la concomitante consapevolezza di tale significato che ne determina la collocazione all'inizio dell'opera, non credo che sia possibile considerare accidentale la collocazione di tali sonetti. Ma solo considerandoli nel contesto della *Vita Nuova* e alla luce degli svolgimenti ulteriori, ritengo possibile rilevare il significato e dell'occasionalità e della convenzionalità dei motivi trattati.

Cavalcando l'altr'ier per un cammino,
pensoso de l'andar che mi sgradia,

---

[2] Punto di vista ch'è del Casini (op. cit., p. 24), e ch'è fatto proprio dal Melodia (op. cit., p. 63), e che è d'altronde comune a gran parte dei commentatori e senz'altro da accettare.

> trovai Amore in mezzo de la via
> in abito leggier di peregrino.
>
> (V.N., cap. IX, son. V)

La figura di Amore come "peregrino" domina l'apparizione che Dante ha durante quella cavalcata di cui parla nel capitolo IX. Amore viene a Dante per annunciargli che, essendo lontano il ritorno della donna che per lungo tempo è stata schermo del suo amore, il cuore di cui essa è stata depositaria sarà da lui recato ad altra donna, che sarà la sua nuova "difensione, come questa era." "E nominollami per nome, sí che io la conobbi bene" (V.N., capitolo IX, p. 27). Le parole di Amore in quest'apparizione son tutte in volgare, e molto chiare nel loro significato: son ben lontane dal significato arcano e divinatorio delle parole latine delle visioni dantesche. Ciò che Amore dice qui riguarda una realtà vicina a Dante ed ha valore di suggerimento pratico: "Ma tuttavia, di queste parole ch'io t'ho ragionate se alcuna cosa ne dicessi, dille nel modo che per loro non si discernesse lo simulato amore che tu hai mostrato a questa e che ti converrà mostrare ad altri" (V.N., cap. IX, p. 27). Quest' Amore che parla nell'apparizione è cosí vicino a Dante che "dette queste parole, disparve questa mia imaginazione tutta subitamente per la grandissima parte che mi parve che Amore mi desse di sé." Quest'Amore s'identifica con Dante e la temporanea distanza di esso Amore da Dante, che gli permette di proiettarlo in tale "imaginazione," è una sorta di allontanamento del poeta da sé stesso e presa di coscienza in forma immaginativa della vicenda cui Amore soggiace in questo momento. "Lo dolcissimo segnore", che lo "segnoreggiava per la vertú de la gentilissima donna," appare qui "come peregrino leggeramente vestito e di vili drappi." Non solo, ma: "Elli mi parea disbigottito, e guardava la terra." E' chiaro che queste parole hanno un significato al di là del loro valore figurativo: l'immagine di "peregrino" non è assunta a caso, ma rispecchia il pellegrinare dell'amore di Dante lontano dal vero significato di Amore. Quest'Amore delle apparizioni non è l'Amore pedagogo, che trascende Dante e lo guida verso mète piú alte, ma è l'amore stesso di Dante, tutto immerso nella vicenda umana del poeta, amore ch'è momentaneamente esteriorizzato come immagine, che riflette in sé nelle proprie caratteristiche esterne i tratti fondamentali dell'amore umano del poeta. Quell'amore il cui oggetto è stato dapprima tenuto celato attraverso un enigmatico sorriso ("ed io sorridendo li guardava, e nulla dicea loro"), e poi attraverso quelle gentili donne che son state da Dante fatte "schermo de la veritade," è quell'amore che in questi primi capitoli è stato celebrato solo indirettamente nei versi destinati ad altri. Se si considerano i sonetti compresi tra il primo e il quinto, che riguarda l'apparizione che stiamo ora considerando, dobbiamo riconoscere che l'amore per Beatrice è solo motivo indiretto per tali componimenti: nel capitolo VII siamo avvertiti che "certe parole, che ne lo sonetto" "O voi che per la via d'Amor passate" sono, sono state ispirate da Beatrice, ma sempre nello stesso capitolo ci vien detto che il sonetto fu composto espressamente come "lamentanza" per l'allontanamento dalla città della prima donna dello schermo. Nei sonetti "Piangete, amanti" e "Morte villana," motivo occasionale è la morte d'una giovane donna che il poeta aveva talvolta visto in compagnia della sua donna: la morte, come già s'è visto, diventa in questi sonetti motivo occasionale esterno, ch'è soppiantato in "Piangete, amanti" dal pianto di Amore che piange attraverso gli occhi di Beatrice, ma che rimane motivo centrale in "Morte villana." La convenzionalità della trattazione di questo motivo, soprattutto evidente in quest'ultimo sonetto, è riprova dell'occasionalità del motivo assunto dal poeta. L'Amore che si avvilisce celandosi nei sonetti e servendosi di motivi occasionali esterni pur di raggiungere una qualunque espressione, è l'Amore "peregrino" che si avvilisce vagabondando lontano da sé stesso e coprendosi di vesti vili, che non gli si addicono.[3] Ma proprio come "peregrino" è l'Amore che ha

---

[3] Due esempi di interpretazioni relative all'apparizione di Amore come "peregrino" e basantisi su suggerimenti esterni del testo nella sua accezione letterale, ci son dati da J.E. Shaw nei suoi *Essays on the Vita Nuova* e da D. Vittorini nel suo saggio "Luci ed ombre nella *Vita Nuova*" (*Letterature moderne*, 4, No. 5 [1953], 517-523).

Riferendosi all'apparizione di Amore durante la cavalcata di Dante fuori Firenze, Shaw osserva: "The poem is little more than the conventional announcement of a new flame, and the prose, as well as the verse, in this chapter, represents Love as the traditional patron of lovers" ("Ego tanquam centrum circuli," *Essays on the Vita Nuova*, 1929; New York: Kraus Reprint Corporation, 1965, p. 83).

Il saggio di Vittorini, impostato sul presupposto che una ricca polla di elementi estranei e passionali scorrerebbe "silenziosa ma potente sotto l'involucro convenzionale della *Vita Nuova*" (op. cit., p. 523), offre un'interpretazione del sonetto del capitolo IX basantesi sull'incapacità di cogliere il significato delle caratteristiche della figura di Amore "peregrino" nel contesto della narrazione della *Vita Nuova*.

una mèta: e quella mèta si traduce nell'immagine del "fiume bello e corrente e chiarissimo" cui talora si volgono gli occhi del viandante dell'apparizione. Il fiume, "lo quale sen gía lungo questo cammino là ov'io era," è parte dello sfondo su cui si svolge la cavalcata di cui Dante parla in questo capitolo, ma è su questo stesso sfondo che si delinea la figura di Amore "peregrino": "Elli mi parea disbigottito, e guardava la terra, salvo che talora li suoi occhi mi parea che si volgessero ad uno fiume bello e corrente e chiarissimo, lo quale sen gía lungo questo cammino là ov'io era." Le espressioni che descrivono il "peregrino" all'inizio della frase, quel "disbigottito" e quel "guardare la terra," si riferiscono al suo aspetto esterno ma allo stesso tempo ne rivelano l'animo e poste in contrasto da quel "salvo che" con l'ultima parte del periodo, proiettano su di essa la loro duplicità di significato: l'immagine del "fiume bello e corrente e chiarissimo" non è semplicemente immagine descrittiva d'un paesaggio, ma è anche immagine che, contrapposta com'è a quello sbigottimento esterno d'Amore, riflesso a sua volta d'uno sbigottimento piú intimo, si rischiara nei suoi aggettivi d'un significato ideale.

Secondo Vittorini "se l'amore per Beatrice fosse stato vivo nel cuore di Dante quando lo scrisse, non si capirebbe perché l'amore fosse triste e dimesso e tutto sospiri. L'amore di Beatrice non correva pericolo alcuno. L'amore che tristemente s'eclissa nel sonetto è quello per un'altra donna, quando un nuovo interesse s'accende nel cuore del poeta, ed egli ne canta liberamente la gioia" (op. cit., p. 523).

Pur riconoscendo che i componimenti poetici inseriti nell'opera, hanno senz'altro acquistato una nuova ricchezza di significati proprio in quanto son stati trascelti a questo fine, devo osservare che in quest'ultimo caso da me citato, è l'interesse dell'interprete a scoprire elementi autobiografici, che lo porta a rinvenirli là dove, se ci fossero, dovrebbero esser solo rilevati, e non usati ai fini di un'interpretazione d'un personaggio che è anche personaggio della prosa, di quella prosa nel cui contesto il sonetto in questione acquista una nuova significazione. Ché infatti le caratteristiche rilevate da Vittorini nella presentazione poetica di Amore, ritornano in quella prosastica in un contesto che le rende piú ricche di significato e che per converso proietta nuova luce sullo stesso sonetto: se problemi d'interpretazione esistono a proposito delle caratteristiche di Amore nel sonetto, essi sopravvivono aggravati nel contesto prosastico.

Capitolo IV

"EGO TANQUAM..."

> Appresso la mia ritornata mi misi a cercare di questa donna che lo mio segnore m'avea nominata ne lo cammino de li sospiri; e acciò che lo mio parlare sia piú brieve, dico che in poco tempo la feci mia difesa tanto, che troppa gente ne ragionava oltre li termini de la cortesia; onde molte fiate mi pensava duramente. E per questa cagione ... quella gentilissima ... mi negò lo suo dolcissimo salutare, ne lo quale stava tutta la mia beatitudine. (V.N., cap. X, p. 29)

Queste ultime parole riassumono ciò che Dante spiegherà nel capitolo successivo: e cioè il significato che il saluto di "quella gentilissima" aveva per lui. Ed è il significato che il saluto di Beatrice aveva per Dante, che pone in luce per contrasto il significato che il rifiuto di tale saluto ha per lui. L'effetto prodotto dal saluto di Beatrice era un effetto purificatore e liberatore: le altre passioni e risentimenti sembravano scomparire, mentre "una fiamma di caritade" invadeva il suo animo e diventava l'unico movente delle sue parole e delle sue azioni. Ma quest'effetto purificatore era accompagnato da un totale predominio di Amore, che "distruggendo tutti gli altri spiriti sensitivi, pingea fuori li deboletti spiriti del viso, e dicea loro: 'Andate a onorare la donna vostra'" (V.N., cap. XI, pp. 30-31). L'amore di Dante dipende qui ancora profondamente da motivi esterni, gli unici "spiriti sensitivi" che non siano distrutti al momento del saluto son quelli della vista, e l'effetto di Amore sia pure purificante, è un effetto galvanizzante che anche se in senso non puramente fisico, pone l'amante in stretta dipendenza dall'amata. Il dolore che invade l'animo del poeta quando questa "beatitudine" vien lui negata per la prima volta, è dolore cosí disperato che esprime tutta la dipendenza del suo amore da ciò ch'è esterno ad esso. Ed anche l'effetto purificatore che Amore esercitava su di lui, è in certo senso per riflesso adombrato da questa nota di accidentalità. Dopo il rifiuto del saluto Dante è sopraffatto da tanto dolore che, allontanatosi dalla gente, si ritira "in solinga parte" ove si abbandona ad un pianto amarissimo.

> E poi che alquanto mi fue sollenato questo lagrimare, misimi ne la mia camera, là ov'io potea lamentarmi sanza essere udito; e quivi, chiamando misericordia a la donna de la cortesia, e dicendo "Amore, aiuta lo tuo fedele," m'addormentai come un pargoletto battuto lagrimando." (V.N., cap. XII, p. 32)

E' nel mezzo di questo sonno che Dante ha la sua seconda visione: "uno giovane vestito di bianchissime vestimenta" gli appare seduto sulla sponda del suo letto. Il volto del giovane è profondamente pensoso, e pensosamente riguarda Dante che giace, e dopo aver indugiato alquanto in questo pensoso riguardare: "pareami che sospirando mi chiamasse, e diceami queste parole: 'Fili mi, tempus est ut pretermictantur simulacra nostra.'" L'immagine del giovane sembra diventar piú definita, e a Dante sembra di riconoscerlo in colui che già altre volte l'aveva appellato cosí nei suoi sonni, e, riguardandolo piú attentamente, gli sembra che pianga pietosamente e attenda da lui "alcuna parola." Alla domanda di Dante che chiede la ragione del suo pianto, son risposta le enigmatiche parole: "Ego tanquam centrum circuli, cui simili modo se habent circumferentie partes; tu autem non sic." Le parole suonano oscure: "Che è ciò, segnore, che mi parli con tanta oscuritade?". ma la replica è un invito a non domandare piú di quanto gli sia utile. Dopo l'enigmaticità di questo primo colloquio, la visione si semplifica ed il giovane, ch'è chiaramente da identificare con Amore, si volge alla parlata volgare e spiega a Dante la ragione del diniego del saluto da parte di Beatrice e gli dà consigli pratici, come quelli relativi alla composizione di una ballata attraverso cui dovrà farle intendere il dominio che per virtú sua Amore ha su di lui e come egli sia stato "suo tostamente" sin dalla sua fanciullezza. Collo sparire della visione il sonno di Dante vien bruscamente interrotto, e ritornando col pensiero al momento della visione, si accorge che la visione gli è apparsa "ne la nona ora del die."

Non v'è dubbio che questa del capitolo XII sia una visione: si annuncia con quelle caratteristiche che già abbiamo notato a proposito della prima, solo che qui all'indefinitezza e nebulosità iniziale della prima visione, succede una fondamentale chiarezza di immagini visive ch'è però accompagnata da un'equivalente oscurità di linguaggio. Al carattere "maraviglioso" che s'impone dapprima come tratto caratterizzante della visione del terzo capitolo, succede qui l'enigmaticità della visione che s'impone attraverso il linguaggio latino di Amore: l'enigmaticità delle parole latine di questa seconda visione è parallela al predominante rilievo che hanno in essa le parole di contro alle immagini, laddove il carattere "maraviglioso" della prima visione era parallelo al maggior risalto che in essa avevano le immagini rispetto alle parole. Entrambe queste visioni hanno luogo ad un'ora ch'è in qualche modo legata al numero nove: la prima visione ha luogo nella quarta ora della notte, "sí che appare manifestamente ch'ella fue la prima ora de le nove ultime ore de la notte," la seconda visione ha luogo "ne la nona ora del die". Questo nove che Dante laboriosamente mette in evidenza come correlato degli avvenimenti piú significativi della sua storia, sembra sottolineare il carattere particolarissimo delle visioni: acquista il valore di cifra d'un linguaggio speciale e sembra teso a richiamare tutta l'attenzione del lettore cui le parole sono rivolte, verso la piú accurata interpretazione del testo. Laddove nessun riferimento particolare al nove appare quando Dante parla dell'apparizione che ha luogo durante la cavalcata fuori Firenze. Entrambe le visioni che abbiamo sinora considerato han luogo nel sonno, ed entrambe hanno un significato ch'è chiaramente al di sopra delle possibilità di comprensione di Dante al momento in cui esse appaiono. Ci sembra che tutt'e due abbiano un significato spiccatamente divinatorio. Ancora una volta desideriamo riferirci ad una concezione platonica, e precisamente a quella concezione della facoltà divinatoria, di cui si parla in quel passo della *Repubblica*, che è riportato da Calcidio nel suo *Commentarius*.[1] Ciò che piú

---

[1] Vedi: *The Republic*, trans. by P. Shorey, The Loeb Classical Library

c'interessa in rapporto alla concezione dantesca di visione nella *Vita Nuova* è il fatto che Platone parli di divinazione in rapporto allo stato del sonno e il fatto che rilevi come nota fondamentale della divinazione l'emergere di verità superiori alla razionalità del soggetto allo stato di veglia, che è sempre esposto nella vita agli stimoli perturbatori provenienti dalle due anime inferiori.

Tali riferimenti sono marginali rispetto ad un'interpretazione della visione che in particolare stiamo considerando, ma non sono più marginali se si vuol porre in evidenza il carattere particolare e il significato che le visioni della *Vita Nuova* hanno nella dinamica della narrazione dantesca. Il loro carattere divinatorio ha un significato che si proietta sia sul passato che sul futuro: l'enigmaticità

(Cambridge: Harvard University Press; London: William Heinemann, 1956), IX, 571C-572B, II, 334-39.

Desideriamo riferirci al succitato passo della *Repubblica* qual'è riportato da Calcidio nel suo *Commentarius*, e citeremo in particolare quel periodo finale della citazione calcidica, in cui si parla dell'anima che si accinge al sonno in quelle condizioni che sono le più favorevoli al verificarsi dell'evento divinatorio:

> Contra cum erit in salubri statu posita casteque cubitum ibit, rationabili quidem mentis industria uigiliis imperatis eaque pasta sapienti uirtutis indagine atque etiam libidine moderate mansuefacta, ut neque de inopia queri possit nec expletione nimia grauetur ultraque modum maerens uel gestiens tumultuetur impediatque prudentiam, sed pura uitiis ratione opus proprium efficere in ratiocinando atque indagine veritatis instituat nihiloque minus iracundia delinita et minime saeuiente dormiat, tunc certe rationabilis animae pars nullis sibi obstrepentibus libidinis aut iracundiae uitiis perveniet ad indaginem ueri, quae est sincera prudentia, nec ulla existet species nefaria somniorum (op. cit., p. 262).

Senza dilungarci nel citare tutti i riferimenti di Calcidio a passi di opere platoniche, in cui si parla dell'evento divinatorio, riporteremo da ultimo la citazione di quel passo del *Critone*, in cui Socrate parla di quella visione rivelatrice del giorno della sua morte, ch'egli ha avuto durante il sonno:

> "Uisa est mihi quaedam," inquit, "mulier eximia uenustate, etiam candida ueste, nomine me appellasse dixisseque" illud Homericum:
> "Tertia luce petes Pthiae praefertilis arua." (op. cit., p. 263)

Questo riferimento alla citazione di Calcidio non è affatto occasionale, perché essa rinvia all'immagine dantesca del "giovane vestito di bianchissime vestimenta," che "pareami che sospirando mi chiamasse, e diceami queste parole..." (V.N., cap. XII, p. 32).

Si tenga presente che il passo della *Repubblica* riportato da Calcidio, viene citato in una traduzione piuttosto libera anche da Cicerone nel *De Divinatione* (*De Divinatione*, ed. by A.S. Pease, Darmstadt: Wissenschaftliche Buchgesellschaft, 1963, pp. 199-202).

sia dei fatti che delle parole delle visioni ha un significato irradiante, che ristruttura e presenta sotto una nuova luce i fatti già narrati e nella prosa e nella poesia, e che allo stesso tempo serve di guida all'intendimento di ciò che il poeta dirà ulteriormente. Potremmo dire che queste visioni siano come i centri irradianti della superiore consapevolezza dell'autore che riconsidera il suo passato e i documenti poetici che ad esso appartengono, assegnando ad entrambi quella funzione e quel significato che hanno acquistato ora agli occhi di chi li interpreta nel contesto d'uno svolgimento compiuto.

Il "giovane vestito di bianchissime vestimenta" che appare in questa visione ci ricorda, quanto alla sua figura, l'angelo di Marco (XVI, 5), che le donne trovano seduto vicino al sepolcro vuoto,[2] ma il suo linguaggio ci riporta piuttosto al linguaggio dell'apparizione di Boezio nella *Philosophiae Consolatio*. Il rapporto esistente tra l'apparizione di Boezio e il "giovane vestito di bianchissime vestimenta" è relativo soprattutto al rapporto in cui entrambe le apparizioni sono rispetto a colui cui si rivolgono: sono entrambe in rapporto di superiorità, ed hanno entrambe la funzione di guide e di consolatrici. Il loro significato è però diverso, com'è diversissimo il contesto in cui sono inserite: ma le situazioni in cui esse sono introdotte presentano delle similarità. Filosofia rimprovera a Boezio di essersi lasciato trascinare dalle muse poetiche: "Hae sunt enim quae infructuosis affectuum spinis uberem fructibus rationis segetem necant

---

[2] In rapporto a questa figura e al colore bianchissimo delle sue vesti, si vedano le considerazioni di Dante sul doppio uso, speculativo e pratico, dell'animo umano (*Il Convivio*, ed. Simonelli, Bologna: ed. Riccardo Patron, 1966, pp. 195-96). Dante indicando la somma beatitudine dell'uomo nell'uso speculativo dell'animo, si richiama all'ammaestramento dato dal vangelo di Marco attraverso le parole dell' angelo che siede sul sepolcro di Cristo risorto. L'angelo rappresenta qui l'uso speculativo dell'intelletto, cioè la vita contemplativa. La bianchezza, che è propria delle vesti dell'angelo e della quale Galilea è considerata qui come sinonimo, è definita "uno colore pieno di luce corporale piú che nullo altro" allo stesso modo che "la contemplazione è piú piena di luce spirituale che altra cosa che qua giú sia."

E' interessante prendere in considerazione l'interpretazione offerta nel *Convivio*, in rapporto alle possibili suggestioni che dal brano di Marco da noi citato, possono essere venute alla rappresentazione dantesca di questa visione della *Vita Nuova*. Tale affinità tra la figura di Amore nella seconda visione e quella dell'angelo di Marco è stata avvertita anche da altri interpreti (vedi: J. E. Shaw, "Ego tanquam centrum circuli," op. cit., p. 84; D. De Robertis, op. cit., p. 67).

hominumque mentes assuefaciunt morbo, non liberant."³ Alla disperazione e al dolore di Boezio si contrappone da parte di Filosofia il fermo suggerimento d'un rimedio: "'Sed medicinae,' inquit, 'tempus est quam querelae'" (op. cit., p. 134). Amore rimprovera a Dante di essersi lasciato trascinare da "simulacra," immagini vuote di significato. E quello stesso Amore pensosamente contemplando Dante che giace, rivolge a lui un fermo suggerimento: "Fili mi, tempus est ut pretermictantur simulacra nostra."⁴ Se l'immagine di Filosofia, nella particolareggiata descrizione che ce ne offre Boezio, si allontana assai dalla semplicità dell'immagine di Amore, i loro atteggiamenti esterni sono però molto simili: entrambe siedono ai piedi del letto di colui cui si rivolgono, ed entrambe hanno lo stesso atteggiamento di pensosa contemplazione del dolore di cui son spettatrici.

Alle parole latine di Amore non v'è dapprima replica diretta di Dante, il quale si sofferma piuttosto nell'identificarne l'immagine e nel contemplarne l'atteggiamento esterno:

> e riguardandolo, parvemi che piangesse pietosamente, e parea che attendesse da me alcuna parola; ond'io assicurandomi, cominciai a parlare cosí con esso: "Segnore de la nobiltade, e perché piangi tu?". E quelli mi dicea queste parole: "Ego tanquam centrum circuli, cui simili modo se habent circumferentie partes; tu autem non sic." (V.N., cap. XII, pp. 32-34)

E' ora che pensando alle parole di Amore, Dante le trova molto oscure: "Che è ciò, segnore, che mi parli con tanta oscuritade?". Il passaggio dal latino al volgare sottolinea il passaggio al linguag-

---

³ Boethius, *Philosophiae Consolatio*, in The Loeb Classical Library, Boethius, *The Theological Tractates, The Consolation of Philosophy*, with an English translation (London: William Heinemann; New York: G.B. Putnam's Sons, 1926), I, i, p. 132.
De Robertis ha notato l'ascendenza boeziana della figura di Amore in questa visione, senza però estenderla all'interpretazione dell'"Ego tanquam..." (op. cit., pp. 67-68).
⁴ Benché le parole di Amore nella *Vita Nuova* si rapportino a quelle dell'apparizione di Boezio nel loro significato pedagogico, il termine "simulacra" sembra rinviarci ancora una volta all'immagine del sepolcro vuoto di cui parla Marco in XVI, 6. Il sepolcro in quanto termine delle cose puramente terrene ci sembra l'equivalente di quei "simulacra," parvenze vuote, di cui Amore parla.

gio intelligibile di Amore: "Non dimandare piú che utile ti sia."[5] Dante è qui chiaramente al di sotto della possibilità d'intendere razionalmente le enigmatiche parole latine di Amore e quel pianto, che, come il "tu autem non sic," è chiaramente rivolto a lui.

L'invito ad abbandonare i "simulacra" è già di per sé oscuro, ma sono il pianto e l'ultima frase latina di Amore che lasciano Dante nella piú grande oscurità. Per intendere meglio questa prima parte della visione bisogna secondo me prender le mosse dall'ultima frase latina di Amore: "Ego tanquam centrum circuli, cui simili modo se habent circumferentie partes; tu autem non sic." L'immagine del cerchio come simbolo di perfezione è immagine cosí comune che le fonti che si potrebbero trovare per essa sono innumerevoli:[6]

---

[5] E' chiaro che l'uso del latino risponde qui nel linguaggio di Amore alla rivelazione d'un contenuto che sovrasta l'animo e la mente di Dante, il quale però non s'è ancora adeguato ad esso.

Il latino è un altro elemento che è introdotto da Dante come mezzo espressivo di significati spirituali: l'uso di questa lingua è ben lungi dall'essere accidentale, ma risponde all'intento dell'autore di evidenziare la pregnanza di significato delle frasi pronunciate in questa lingua, e di esprimere anche linguisticamente una sorta di trascendenza rivelatrice che in queste parole si risolve in trascendentalità pedagogica. La svolta verso il volgare ha come correlato una svolta nel rapporto sinora trascendentalmente definentesi tra Amore e Dante. Con l'adozione della parlata volgare Amore non è piú Amore rivelatore e pedagogo, ma Amore consigliere pratico.

Nel suo saggio "The Use of the Latin in the *Vita Nuova*" (*Modern Language Notes*, 61 [1946], 108-12) C. Singleton nota il livello trascendentale del linguaggio latino di Amore, ma condiziona poi la sua interpretazione del passaggio di Amore dal latino al volgare, al punto di vista che il latino abbia adempiuto alla funzione di esprimere un oracolo: e per *oracolo* Singleton intende qui *profezia della morte di Beatrice*.

Se mi unisco a quest'interprete nel riconoscere la trascendentalità che s'esprime nel linguaggio latino di Amore, tale trascendentalità è però da riconnettersi secondo me ad una funzione significante ben diversa da quella che Singleton le attribuisce (op. cit., pp. 110-11).

[6] L' "Ego tanquam..." è stato variamente interpretato, ma nella storia della critica dell' "Ego tanquam..." ci sono state due fondamentali direzioni: l'una basantesi sull'immagine del cerchio come simbolo di perfezione, e l'altra, cui diede inizio il Barbi (M. Barbi, recensione di J.E. Shaw, *Essays on the Vita Nuova*, *Studi danteschi*, 15 [1931], 111-16), basantesi sulla compresenza circolare agli occhi di Dio di tutti gli eventi umani e riferentesi ad un passo della *Summa contra Gentiles* (I, lxvi). Quest'interpretazione del Barbi è quella che ha avuto recentemente piú successo, seguita dallo stesso Singleton, e da diversi altri critici (Anderson, Musa ed altri). Il De Robertis nel suo studio sulla *Vita Nuova* considera l'interpretazione del Barbi come "un po' fuori della tradizione, ma che, almeno per quel che riguarda la profezia della morte di Beatrice, trova sempre maggior consenso tra i lettori moderni" (op. cit., p. 68). Ma per sé stesso si mostra piuttosto oscillante, e piú tardi aggiunge:

ma una volta riconosciuto questo valore dell'immagine del cerchio, la frase di Amore va ancora interpretata. L'accento è chiaramente posto sul centro del cerchio, e cioè sul punto che sembra simboleggiare il massimo di stabilità e di semplicità: ma la funzione di centralità di questo punto con cui Amore s'identifica, è tale in rapporto alle parti della circonferenza che ad esso si rapportano. Non penso che la frase di Amore si riferisca in astratto ad una forma di perfezione e di equilibrio, che venga da esso esemplificata attraverso l'immagine del centro del cerchio e delle parti della circonferenza. Ritengo invece che la frase di Amore abbia un significato specifico in ogni suo membro: e ad intendere il significato preciso della frase di Amore, ci aiuteranno la prima frase latina da lui pronunciata nella visione e il pietoso pianto che segue ad essa, come pure quel "tu autem non sic," che completa l'"Ego tanquam" e si offre come spiegazione di quel pianto. La prima parte di questa visione va cioè intesa come un tutto unico e come tale va interpretata. La prima frase che Amore rivolge a Dante piú che un invito, è il riconoscimento d'una necessità: è ormai arrivato il momento di lasciar da parte le vuote apparenze, quei "simulacra" a cui l'interlocutore di Amore sembra ancora legato. E poi segue il pianto pietoso, e l'enigmatica spiegazione latina, in cui Amore contrappone sé a Dante: "tu autem non sic". Dante non è come Amore, o perlomeno non è come l'Amore pedagogo che gli si contrappone: il riflesso dell'amore di Dante è piuttosto in quell'immagine dell'Amore

---

> Ma è pur verosimile che l'immagine del cerchio adombrasse il concetto della perfezione (come indifferenziata coerenza, come assoluta similitudine) dell'idea rispetto all'approssimatività e dissimilitudine, e, per cosí dire, dissimmetria dell'operare umano, moventesi non in ordine al suo principio, ma secondo direzioni avventurose e occasionali. E non escluderei che il rapporto ivi formulato ("... cui simili modo se habent circumferentie partes") racchiudesse un invito a ristabilire quella intima 'proportio,' a riconformare ciascuna parte al tutto (op. cit., p. 69).

Il De Robertis non offre un'interpretazione particolareggiata della visione, e rivela in sostanza un fondo d'incertezza nella sua interpretazione. In realtà questa tendenza ad interpretare l'"Ego tanquam..." in base all'immagine del cerchio inteso come simbolo di perfezione, è tendenza quanto mai vaga e suscettibile di configurarsi in interpretazioni tutte diverse tra loro, e si può avere una conferma di ciò considerando anche solo alcune di esse.

L'interpretazione verso cui propende il Casini è la seguente:

> Io Amore son simile al centro di un circolo e non mi muovo piú verso questa che quella parte della circonferenza: so amarle tutte cioè quanto

"peregrino" dell'apparizione del capitolo IX, di quell'Amore, che pure avendo dinanzi agli occhi la sua mèta, peregrina lontano da essa dietro quei "simulacra" che son solo parvenze, ch'esso insegue facendosi schiavo di esse e dimenticando la sua vera essenza e il suo significato piú profondo. L'amore di Dante è un amore che non ha in sé stesso la propria centralità e come tale dipende da fatti accidentali: di qui la sua vulnerabilità e il pianto pietoso di Amore, dell'Amore della visione. La superiore possibilità di comprensione di quest'Amore si eleva al di sopra dei "simulacra" dietro cui va l'amore di Dante, e non dipendendo dall'accidentalità dei fatti, attinge alla luce d'una razionalità cui ogni cosa si rapporta

---

meritano; tu al contrario ti lasci attrarre verso di esse disordinatamente, e perciò, per questa tua colpa, hai perduto il saluto in cui era la tua beatitudine; onde piango con te. (*La Vita Nuova di Dante Alighieri*, con commento di T. Casini, op. cit., p. 33)

Per Grandgent le famose parole di Amore si riferiscono alla perfezione ed equilibrio dell'amore divino, e su quest'equilibrio in particolare si sofferma l'interpretazione ch'egli dà di questo concetto d'Amore che è proprio di Dante e, in specie, della sua *Vita Nuova* e ch'egli rapporta alla dottrina etica di Aristotele (C. Grandgent, *Discourses on Dante*, Cambridge: Harvard University Press, 1924, p. 63).

Il Melodia nel suo commento alla *Vita Nuova* vede nella similitudine del cerchio una probabile allusione al concetto di perfetta nobiltà, interpretazione ch'egli accetta dal Proto che pervenne ad essa "dopo di aver posto in rilievo alcune idee filosofiche di Dante o di Aristotele e di San Tommaso da Dante raccolte" (op. cit., p. 85).

Antonio Coen commentando succintamente l' "Ego tanquam...," lo intende come affermazione di armonia e di perfezione: "Autrement dit je suis harmonie (ou perfection) et toi non" (A. Coen, *Dante et le contenu initiatique de la Vita Nuova*, Paris: J. Vitiano, 1958, p. 125).

Una nota fondamentale di vaghezza contrassegna gran parte di queste interpretazioni, che spesso si basano sul riferimento a fonti che probabilmente Dante non conosceva all'epoca di composizione della sua opera giovanile: oltre che vaghezza, notiamo un'inessenzialità di significato rispetto al contesto in cui tali interpretazioni devono inserirsi.

Tra le interpretazioni basantisi unicamente sulla storia della *Vita Nuova*, ricordiamo per la sua originalità quella data da J.E. Shaw, che vede rappresentato nel centro del cerchio l'amore di Dante per Beatrice, e nei punti della circonferenza i diversi amori di Dante per le donne dello schermo (*Essays on the Vita Nuova*, op. cit., p. 90):

Love says: "tu autem non sic." "But it is otherwise with thee." Dante is not like the centre of a circle: he is like a circle. If his love for Beatrice is like the centre of a circle of affections, it follows that he himself is like a circle that contains such a centre, and which also contains other points that are like his other affections. (op. cit., pp. 90-91)

nel suo vero significato: Amore è il centro del cerchio, e in quanto tale non dipende da alcunché di accidentale, ma a ciò ch'è accidentale si rapporta e lo spiega alla luce della sua razionalità. Ritengo che Dante abbia attentamente mantenuto questa figura di Amore (intendo l'Amore delle visioni) nell'ambito d'immagine retorica nel senso da lui spiegato nel capitolo XXV: e cioè d'immagine retorica ch'è carica di significato rispetto al contesto in cui è inserita, e nel cui ambito diventa il termine trascendentale della dialettica amorosa di Dante. Ciò nonostante ritengo indispensabile citare una fonte prossima che ha indubbiamente ispirato Dante in questo passo della *Vita Nuova*, e certamente non solo in questo passo. La fonte prossima è la rappresentazione della Provvidenza divina nella *Philosophiae Consolatio:* e precisamente quei passi in cui il Fato e la Provvidenza vengono spiegati e messi in contrasto, come due opposti modi di guardare e intendere le medesime cose.[7] La Provvidenza appare in Boezio come forza centralizzante, che il tutto abbraccia e rapporta a sé stessa e alla sua superiore razionali-

---

Ed ecco la ragione che Shaw offre per il pianto di Amore:

> ....
> here Love weeps for the same reason that has caused the hero to fall asleep weeping: the loss of the salutation of Beatrice. It is as if Love had said: "I weep because I am not as thou hast hitherto supposed, a being separate from thee. I am thine own love for Beatrice, part of thyself, and I am weeping over our common loss." (op. cit., p. 91)

Inutile dire che un'interpretazione siffatta pur avvalendosi di elementi tratti dalla storia della *Vita Nuova*, è interpretazione basantesi su dati di fatto, ma estranea al significato più intimo della storia.

Il saggio "Ego tanquam centrum circuli" cui ci siamo ora riferiti, oltre che il riferimento alle diverse fonti possibili dell'immagine del cerchio (op. cit., pp. 92-99), contiene una lunga ed esauriente nota relativa alle diverse interpretazioni che son state date dell' "Ego tanquam...," le quali son classificate da Shaw in cinque gruppi a seconda dell'interpretazione ch'è stata data di Amore (op. cit., pp. 102-08).

[7] Omnium generatio rerum cunctusque mutabilium naturarum progressus et quidquid aliquo mouetur modo, causas, ordinem, formas ex diuinae mentis stabilitate sortitur. Haec in suae simplicitatis arce composita multiplicem rebus regendis modum statuit. Qui modus cum in ipsa diuinae intellegentiae puritate conspicitur, prouidentia nominatur; cum uero ad ea quae mouet atque disponit refertur, fatum a ueteribus appellatum est. Quae diuersa esse facile liquebit, si quis utriusque uim mente conspexerit. Nam prouidentia est ipsa illa diuina ratio in summo omnium principe constituta quae cuncta disponit; fatum uero inhaerens rebus mobilibus dispositio per quam prouidentia suis quaeque nectit

tà, laddove il Fato è come una forza centrifuga che implica semplice connessione accidentale e temporale dei fatti:

> ....
> illud certe manifestum est immobilem simplicemque gerendarum formam rerum esse prouidentiam, fatum uero eorum quae diuina simplicitas gerenda disposuit mobilem nexum atque ordinem temporalem.Quo fit ut omnia quae fato subsunt prouidentiae quoque subiecta sint cui ipsum etiam subiacet fatum, quaedam uero quae sub prouidentia locata sunt fati seriem superent. Ea uero sunt quae primae propinqua diuinitati stabiliter fixa fatalis ordinem mobilitatis excedunt. Nam ut orbium circa eundem cardinem sese uertentium qui est intimus ad simplicitatem medietatis accedit ceterorumque extra locatorum ueluti cardo quidam circa quem uersentur exsistit, exstimus uero maiore ambitu rotatus quanto a puncti media indiuiduitate discedit tanto amplioribus spatiis explicatur, si quid uero illi se medio conectat et societ, in simplicitatem cogitur diffundique ac diffluere cessat, simili ratione quod longius a prima mente discedit maioribus fati nexibus implicatur ac tanto aliquid fato liberum est quanto illum rerum cardinem uicinius petit. Quod si supernae mentis haeserit firmitati, motu carens fati quoque supergreditur necessitatem. (op. cit., IV, vi, p. 342)

Parlando di traiettorie circolari che si compiono attorno ad un medesimo centro, Boezio nota che quella che è, si può dire, unita al centro è quella che implica minore mobilità, laddove quelle che piú si allontanano da esso, si compiono attraverso spazi piú vasti e evidentemente implicano maggiore mobilità. Naturalmente queste sono immagini che si riferiscono alle concezioni boeziane di Provvidenza e di Fato, e pongono in risalto la sempre maggiore stabilità e semplicità delle vicende di coloro che maggiormente si accostano alla visione provvidenziale delle cose. Coloro che non sono capaci di vedere alla luce della razionalità provvidenziale il corso dei fatti, non vedranno in esso che confusione e disordine, laddove ciò ch'è confusione può diventare ordine se si riguardano i fatti da un'altra

---

ordinibus. Prouidentia namque cuncta pariter quamuis diuersa quamuis infinita complectitur; fatum uero singula digerit in motum locis formis ac temporibus distributa, ut haec temporalis ordinis explicatio in diuinae mentis adunata prospectum prouidentia sit, eadem uero adunatio digesta atque explicata temporibus fatum uocetur. (op. cit., IV, vi, p. 340)

prospettiva (Phil. Cons., IV, vi, p. 344). L'unità e consistenza della visione divina caratterizzano questa concezione boeziana della visione provvidenziale. L'Uno e il Bene sono identificati da Boezio in Dio (Phil. Cons., III, xii, p. 292), e la circolarità della natura divina che non si espande in alcunché di esterno a sé stessa, viene esemplificata attraverso l'immagine parmenidea della sfera (Phil. Cons., III, xii, p. 292). Solo accostandosi a quell'unità e stabilità che son proprie di Dio, è possibile raggiungere la felicità (Phil. Con., III, xii, p. 292). Questi limitati riferimenti alla *Philosophiae Consolatio* ci aiutano ad intendere le parole latine di Amore in questa seconda visione: la stabilità e consistenza dell'essenza divina (e l'immagine del cerchio di continuo ritorna in Boezio), sono contrapposte nell'opera del filosofo latino alla confusione e al progresso lineare (nel senso d'una successione temporale puramente casuale), i quali contrassegnano gli eventi umani abbandonati a sé stessi e non interpretati da una coscienza che li unifichi e dia loro un significato.

Se abbiamo già sottolineato chiaramente l'intento di Dante di mantenere un valore retorico alla figura di Amore, è perché sarebbe altrimenti possibile esser facilmente fuorviati nell'interpretazione di tale figura da quelle che son state le fonti d'ispirazione culturale per la creazione di essa. Dante ch'era perfettamente cosciente d'un tale rischio, ha dedicato a tale problema l'intero capitolo XXV, per chiarire una volta per tutte il significato che tale figura ha nella sua opera. La consapevolezza che accompagna tutta la *Vita Nuova* riguardo al valore delle immagini e dei significati quivi introdotti, è consapevolezza che non può essere in alcun modo trascurata nell'interpretazione dell'opera, e se Dante ci ha detto esplicitamente che quella figura, che maggiormente si sarebbe potuta prestare ad un equivoco interpretativo, è figura retorica, che non ha realtà sostanziale sia pure esprimendo significati, credo che sia nostro dovere tener questo in mente e rifuggire (o perlomeno procedere molto cautamente), da qualsiasi frettolosa identificazione di parallelismi simbolici che tenderebbero a rinchiudere l'opera in una soffocante atmosfera religiosa, in cui il significato piú personale e pregnante dell'esperienza di Dante, ch'è pur esperienza religiosa, andrebbe perduto. Dante ch'è uomo medioevale e che ha assimilato profondamente la cultura del suo tempo, è chiaramente impregnato di tutto ciò ch'è parte di questo mondo medioevale, e l'esperienza religiosa, ch'è tale parte del suo mondo, è esperienza fondamentale e strutturante della sua personalità: ma è anche fatta propria, e innanzitutto, come esperienza umana e personalissima. L'esperienza dell'amore ha in Dante un fondo profondamente umano, ha cioè radici nella vita dei suoi sensi, e come tale essa appare nella *Vita Nuova*, ma essa è esperienza che si dialettizza con elementi diversi della sua personalità: ed è proprio questo dialettizzarsi dell'esperienza dell'amore carnale, che porta Dante a rivedere sotto luce nuova la "tanta letizia" di cui Amore è circonfuso nel suo primo stadio. E questa luce nuova è quella che cambia la letizia nel pianto piú amaro: l'angoscia dell'esperienza della donna nella visione del capitolo III è l'angoscia che viene da una forma particolare di morte ch'è la morte spirituale di chi si condanna nell'ambito chiuso di un'esperienza che non ha possibilità di svolgimenti. Dante ha inteso profondamente questo genere di morte, ch'è poi morte dello spirito che si lascia trascinare per un itinerario che ritorna su sé stesso in una chiusura che non implica progressi verso stadi ulteriori: e l'ha inteso profondamente e personalmente, ché altrimenti non avremmo avuto una figura come la Francesca del canto quinto dell'*Inferno*, figura che non è adombrata dall'angustia della tradizionale visione religiosa di quel peccato. Cosí non sono adombrate dall'angustia delle strettoie d'una visione essenzialmente confessionale le esperienze che segnano le tappe del progresso spirituale di Dante. L'ampliarsi della sua visione dell'amore, ha carattere religioso, ché da un punto di vista culturale non potrebbe essere altrimenti, ma è l'approfondirsi e l'ampliarsi d'una visione che implica maturazione verso una forma piú piena di vita spirituale che in sé stessa non ha necessariamente connotati religiosi.

CAPITOLO V

CONSIDERAZIONI SULLO SVOLGIMENTO DI AMORE NEI CAPITOLI XIII-XVIII DELLA *VITA NUOVA* E SUL SIGNIFICATO D'ISPIRAZIONE POETICA CON RIFERIMENTO AL CANTO XXIV DEL *PURGATORIO*.

La ballata che chiude il capitolo XII e ch'è stata composta da Dante su suggerimento di Amore, l'Amore che parla volgare, si rivolge alla donna per confermarle l'amore e la fedeltà del poeta: essa rappresenta la svolta verso una tematica nuova che dominerà i capitoli compresi tra il XII e il XVIII. Questa nuova tematica corrisponde innanzi tutto ad un mutato atteggiamento dell'autore: il suo amore non vien piú celato, ma viene apertamente considerato negli effetti che produce nel suo animo. I suggerimenti pratici che Amore ha comunicato a Dante in volgare rappresentano uno dei corollari della prima frase latina a lui rivolta: o perlomeno ciò che di quella prima frase Dante può a questo punto intendere. "Fili mi, tempus est ut pretermictantur simulacra nostra:" "simulacra" non si riferisce soltanto alle donne schermo, al saluto di Beatrice, e a tutti gli espedienti esterni cui Dante è finora ricorso per parlare della sua donna, ma questo è ciò cui Dante può riferire il termine nell' ambito delle sue attuali possibilità d'intendimento. La considerazione di Amore e dei suoi effetti sull'amante costituisce l'argomento fondamentale dei capitoli cui abbiamo già accennato:[1] il poeta

---

[1] Similarità con la poesia del Cavalcanti son di solito rilevate dagli interpreti

riflette sulla bontà o meno di Amore e sulla felicità che ne deriva all'amante, e queste riflessioni sono contrassegnate da un'ambivalenza essenziale: "buona è la signoria d'Amore, però che trae lo intendimento del suo fedele da tutte le vili cose ... non buona è la signoria d'Amore, però che quanto lo suo fedele piú fede li porta, tanto piú gravi e dolorosi punti li conviene passare" (V.N., cap. XIII, p. 39). In questo capitolo XIII prosa e poesia sembrano corrispondere nella trattazione dell'argomento: la prosa riflette e spiega fedelmente ciò ch'è espresso dal sonetto che l'accompagna; ciò che entrambe esprimono è un'ambivalenza o piuttosto un'incertezza nella valutazione di Amore. Amore eleva l'anima dell'amante, ma la fedeltà ad esso implica travaglio e il superamento di prove dolorose; esso infonde dolcezza e gioia assieme alla speranza, ma è allo stesso tempo causa di frequente pianto. Tutti questi pensieri si agitano nell'animo di Dante dando origine ad una profonda incertezza, cui si prospetta come solo rimedio la pietà della donna. L'ambivalenza che caratterizza queste riflessioni è un'ambivalenza di duplice natura: è un'ambivalenza ch'è alle radici della considerazione stessa di Amore, visto ora come via di perfezionamento spirituale, ora come fonte di felicità umana, ma è un'ambivalenza che caratterizza anche ciascuna di queste considerazioni di Amore. Amore è fonte di perfezionamento spirituale, ma come tale implica il superamento di prove dolorose, non è cioè progresso lineare ma è progresso che implica stasi e superamento; esso è fonte di dolcezza e di gioia, in quanto è mosso dalla speranza, ma quando questa vien meno esso è fonte di frequente pianto. "Amorosa erranza" è l'espressione poeticamente assunta da Dante per definire il suo stato (V.N., cap. XIII, son. VI); nella prosa esso è definito come quello di "colui che non sa per qual via pigli lo suo cammino, e che vuole andare e non sa onde se ne vada" (V.N., cap. XIII, p. 40): tale stato è ben lontano da quello di colui che sa elevarsi al di sopra dell'accidentalità dei fatti ed intenderli alla luce d'una superiore consapevolezza. Ci vengono in mente le ultime

---

in riferimento a questi capitoli. Secondo il De Robertis i capitoli XIII-XVI "costituiscono un blocco unitario, il primo che s'individui nel libro, e piú fortemente caratterizzato dello stesso gruppo delle 'nuove rime,' delle 'rime de la loda' (*Il libro della Vita Nuova*, op. cit., p. 71). In questi capitoli immaginazione e linguaggio "hanno dei connotati ben precisi: quelli della poesia del Cavalcanti" (ibid., p. 72).
Vedi in proposito anche Russo, Musa, Strauch, ecc.

parole latine di Amore: "tu autem non sic." Dante è ancora lontano dalla grande semplicità e consistenza di Amore: la Pietà che lui stesso avverte sua nemica, è il rimedio esterno cui egli si volge. Pietà e Amore sono i temi fondamentali di questi capitoli. Amore quale si configura a questo punto nell'animo di Dante, come potenza che domina e distrugge il suo fisico, e che tutta s'impossessa di lui, e che ancora fondamentalmente dipende dalla visione della donna amata. Quest'è l'Amore che dà origine all'episodio del "gabbo": Amore che si manifesta attraverso "uno mirabile tremore" che dal cuore si diffonde per tutto il corpo, Amore che nelle sue manifestazioni precede la causa che le provoca, e che, come tale, prima che visione estatica è presentimento: "Allora dico che io poggiai la mia persona simulatamente ad una pintura la quale circundava questa magione; e temendo non altri si fosse accorto del mio tremare, levai li occhi, e mirando le donne, vidi tra loro la gentilissima Beatrice" (V.N., cap. XIV, p. 43). Lo sconvolgimento dell'animo precede la visione della donna, la cui immagine rappresentata attraverso una breve locuzione, è come al centro delle due descrizioni, quella del presentimento amoroso della sua comparsa e quella degli effetti da essa prodotti. Beatrice appare qui indirettamente e come riflessa specularmente dall'animo di Dante. E' tuttavia immagine viva e presenza fisica, e come tale s'impone attraverso l'effetto soverchiante prodotto nell'amante dalla sua vista: sia pure mantenuta in questi capitoli nell'ambito del non descrittivo, si configura come persona reale parte di quel mondo attorno a cui gravita la vita del poeta, e rilevata indirettamente, piú che in sé stessa, nel rapporto con quelle immagini di donne che, parlando con lei, si gabbavano di Dante.

Affermare che Beatrice si configura come persona reale non significa attribuirle un'individualità definita e uno svolgimento suo personale, ché anzi ciò che caratterizza la sua immagine è una fondamentale staticità: la sua vita essa la trae dalla vita che ha in Dante, anche da quegli smarrimenti in cui ella si dissolve come immagine visiva per sopravvivere solo come sconvolgente potenza d'Amore:

> Allora fuoro sí distrutti li miei spiriti per la forza che Amore prese veggendosi in tanta propinquitade a la gentilissima donna, che non ne rimasero in vita piú che li spiriti del viso;

e ancora questi rimasero fuori de li loro istrumenti, però che Amore volea stare nel loro nobilissimo luogo per vedere la mirabile donna. E avvegna che io fossi altro che prima, molto mi dolea di questi spiritelli, che si lamentavano forte e diceano: "Se questi non ci infolgorasse cosí fuori del nostro luogo, noi potremmo stare a vedere la maraviglia di questa donna cosí come stanno li altri nostri pari." (V.N., cap. XIV, pp. 43-44)

Ma è proprio la mirabile bellezza di Beatrice che domina e sconvolge Dante in questa fase del suo amore: e in quanto causa di tanto sconvolgimento, si sottrae al godimento stesso della vista. La mirabile bellezza di Beatrice muove Dante e proprio come bellezza d'immagine diventa principio motore in senso fisico: ogni pensiero scompare dall'animo di Dante, che in quanto cerca la sua immagine già n'è posseduto e da lei è mosso:

> Ciò che m'incontra, ne la mente more,
> quand'i' vegno a veder voi, bella gioia;
> e quand'io vi son presso, i' sento Amore
> che dice: "Fuggi, se 'l perir t'è noia."
> (V.N., cap. XV, son. VIII)

E' proprio in questa visione dell'immagine di Beatrice come principio di movimento e forza calamitante, che si trova il significato di questi versi. La donna è un'immagine che muove l'amante a cercarne la vista, e come potenza d'immagine è allo stesso tempo principio e termine di movimento e dissolvitrice d'ogni pensiero che possa contrastarne la ricerca. L'annientamento dell'animo dell'amante di fronte alla sua donna è tale che solo pietà può essere la risposta ad esso:

> Lo viso mostra lo color del core,
> che, tramortendo, ovunque pò s'appoia;
> e per la ebrietà del gran tremore
> le pietre par che gridin: Moia, moia.
> Peccato face chi allora mi vide,
> se l'alma sbigottita non conforta,
> sol dimostrando che di me li doglia, ...
> (V.N., cap. XV, son. VIII)

Dante non può sostenere la presenza fisica di Beatrice, sia pur da lui agognata e ricercata:

> Poscia mi sforzo, ché mi voglio atare;
> e cosí smorto, d'onne valor voto,
> vegno a vedervi, credendo guerire:
> e se io levo li occhi per guardare,
> nel cor mi si comincia uno tremoto,
> che fa de' polsi l'anima partire.
> (V.N., cap. XVI, son. IX)

Il capitolo XVIII serve da suggello ai capitoli compresi tra il capitolo XII ed esso stesso: assieme al capitolo del "gabbo" e ad alcuni altri brani che abbiamo già intravisto o intravedremo piú tardi, rappresenta, per usare un aggettivo usato da Dante, uno dei piú "dilettevoli" scorci narrativi della *Vita Nuova:* in esso attraverso la bocca di quelle donne che avevano assistito al profondo turbamento di Dante di fronte alla sua donna, è sinteticamente espresso attraverso una domanda velata di garbata malizia il dubbio, o potremmo anche dire la pensosa riflessione, sulla finalità d'un amore siffatto: "A che fine ami tu questa tua donna, poi che tu non puoi sostenere la sua presenza? Dilloci, ché certo lo fine di cotale amore conviene che sia novissimo" (V.N., cap. XVIII, p. 53). E' attraverso la riflessione delle donne sulla risposta in cui Dante ha loro dichiarato la finalità del suo amore, ch'egli diventa consapevole di quanto siano state distanti finora le sue parole dall'intendimento dichiarato: "Poi che è tanta beatitudine in quelle parole che lodano la mia donna, perché altro parlare è stato lo mio?" (V.N., cap. XVIII, p. 54). Nove capitoli prima l'immagine di Amore "peregrino" nell' apparizione che Dante ne aveva, rifletteva il peregrinare dell'amore lontano dal significato di Amore e lontano persino dal suo termine piú immediato, la stessa donna amata: gli insegnamenti impartiti da Amore in volgare son valsi al poeta l'allontanamento da quelle apparenze vuote ("simulacra") e da quei sotterfugi in cui aveva dapprima cercato riparo il suo amore. Ma il ritorno del poeta al termine stesso del suo amore non ha significato necessariamente il ritorno al significato piú profondo di esso; i quattro sonetti compresi nei capitoli da noi ora considerati, rispecchiano ancora la distanza dell'amore di Dante da Amore, sono ancora riflesso di preoccupazioni egoistiche: cantano il tormento e il travaglio amoroso del poeta. Amore è ancora "peregrino," guarda ancora con nostalgia a quel "fiume bello e corrente e chiarissimo," di cui si parlava nel capitolo IX.

Il proponimento che chiude il capitolo XVIII è quello di mantenersi fedele a quella finalità del suo amore da lui dichiarata alle donne:

> E però propuosi di prendere per matera de lo mio parlare sempre mai quello che fosse loda di questa gentilissima; e pensando molto a ciò, pareami avere impresa troppo alta matera quanto a me, sí che non ardia di cominciare; e cosí dimorai alquanti dí con disiderio di dire e con paura di cominciare. (V.N., cap. XVIII, pp. 54-55)

> Avvenne poi che passando per uno cammino lungo lo quale sen gía uno rivo chiaro molto, a me giunse tanta volontade di dire, che io cominciai a pensare lo modo ch'io tenesse; ... (V.N., cap. XIX, p. 55)

Queste parole che aprono il capitolo XIX, ch'è il capitolo che introduce la canzone "Donne ch'avete intelletto d'amore," recano un'immagine che ci richiama figurativamente a quella intravista nel capitolo IX attraverso quel sogguardare di Amore "peregrino" che talora volge gli occhi "ad uno fiume bello e corrente e chiarissimo:" "Elli mi parea disbigottito, e guardava la terra, salvo che talora li suoi occhi mi parea che si volgessero ad uno fiume bello e corrente e chiarissimo, lo quale sen gía lungo questo cammino là ov'io era" (V.N., cap. IX, p. 27). Tra i due passi v'è una rispondenza oltre che d'immagini, di contenuto. Il fiume "bello e corrente e chiarissimo" che Amore "peregrino leggeramente vestito e di vili drappi" furtivamente guardava assumeva una sfumatura ideale contrastante con lo sbigottimento di Amore: diventava nel suo contesto una di quelle immagini dantesche che raggiungono un'espressività al di là del figurativo, sia pure senza trapassare nel simbolico. L'immagine del fiume che appare all'inizio del capitolo XIX è figurativamente rispondente a quella del capitolo IX: solo che nel IX essa appare come di sfuggita e la sua presenza è solo accidentalmente rilevata in rapporto all'andare di Dante; laddove l'immagine che domina ed apre il capitolo XIX è quella del "rivo chiaro molto." Nel capitolo IX è il fiume "lo quale sen gía lungo questo cammino là ov'io era," l'esser di Dante nelle prossimità del fiume è solo accidentale; nel capitolo XIX è Dante che passa "per uno cammino lungo lo quale sen gía uno rivo chiaro molto," l'esser il fiume nelle sue prossimità non è piú accidentale, è Dante che "passa" per questo cammino.[2]

Amore, l'Amore di Dante, non è piú peregrino; è passando lungo questo fiume chiarissimo che giunge al poeta tanta volontà di dire: "Allora dico che la mia lingua parlò quasi come per sé stessa mossa ..." Il fluire della lingua mossa da Amore ci riporta al fluire di quel fiume chiarissimo: "... 'I' mi son un, che quando / Amor mi spira, noto, e a quel modo / ch'e' ditta dentro vo significando'." Questi i versi attraverso cui Dante nel XXIV del Purgatorio specifica il tipo d'ispirazione che lo muove a comporre, e il termine di riferimento è qui in particolare la canzone del XIX della *Vita Nuova*. Quantunque sia sempre da considerare con cautela ogni tentativo di spiegazione retrospettiva di passi appartenenti a opere giovanili attraverso il riferimento a passi di opere piú tarde, tuttavia ritengo indispensabile in rapporto al capitolo XIX della *Vita Nuova* e alla canzone in esso contenuta, non prescindere da quel posteriore commento di Dante al significato che l'ispirazione poetica aveva assunto per lui a quell'epoca e in particolare rispetto a quella canzone. Ciò implica naturalmente la considerazione di quella parte del dialogo che si svolge tra Bonagiunta e il poeta, la quale concerne quest'ultimo come "colui che fore / trasse le nove rime:" una considerazione siffatta è qui introdotta non come elemento interpretativo nella spiegazione di alcun passo della *Vita Nuova*, ma piuttosto come integrazione e ulteriore commento a ciò che già si può affermare attraverso l'interpretazione dei passi dell'opera giovanile che saranno da me considerati.

Già ho accennato al valore non puramente descrittivo che l'im-

---

[2] E' Dante che ha progredito verso un'approfondita consapevolezza del significato di Amore: il significato dell'insegnamento dell' "Ego tanquam ..." si proietta e gradualmente s'invera nello svolgersi ulteriore degli eventi. La profonda spiegazione boeziana della differenza tra Provvidenza e Fato, si reifica nelle fasi d'uno svolgimento individuale: l'accidentalità delle vicende dell'amore di Dante proiettantesi nell'immagine di Amore "peregrino" nel capitolo IX, ha ceduto il passo ad una nuova necessità che accompagna ora l'andare del poeta che non persegue piu accidentalmente la sua mèta, ma consapevolmente avanza perseguendola.

magine del "rivo chiaro molto" assume all'inizio del capitolo XIX, valore tanto meglio definito se si considera quest'immagine in rapporto a quella ch'è intravista nel capitolo IX. L'idea del fiume "chiaro molto" e del suo scorrere lungo il cammino di Dante sembra essere parallela alla "tanta volontade di dire" che gli giunge: il corso di questo rivo chiarissimo richiama alla mente in senso figurato il moto di progressivo avvicinamento ad una mèta ideale, e Dante stesso sembra esser giunto ormai alla pienezza delle sue possibilità espressive nella celebrazione di Amore. La celebrazione indiretta della sua donna, i sotterfugi, l'attenzione egocentrica rivolta a sé stesso che hanno finora distolto il poeta da Amore, sono a questo punto superati, e la poesia di Dante è 'poesia d'Amore' nel significato più profondo che Amore ha assunto adesso, e il pubblico cui tale poesia è rivolta è formato da coloro che sapranno intenderla:

> Dico bene che, a più aprire lo intendimento di questa canzone, si converrebbe usare di più minute divisioni; ma tuttavia chi non è di tanto ingegno che per queste che sono fatte la possa intendere, a me non dispiace se la mi lascia stare, ... (V.N., cap. XIX, p. 65)

L'idea del movimento spontaneo della lingua è parallela a quella di Amore che ispira, e il risultato dell'ispirazione d'Amore è come quello d'una forza che muove: "Allora dico che la mia lingua parlò quasi come per sé stessa mossa, e disse: *Donne ch'avete intelletto d'amore.*" Quest'Amore che muove Dante al suo canto non è un simbolo astratto, ma è quell'Amore il cui svolgimento abbiamo seguito nei suoi momenti essenziali nei capitoli della *Vita Nuova:* è cioè Amore che da un fondo legato alle immagini e ai sensi s'è venuto svolgendo e approfondendo verso un significato più ampio ed inclusivo. E' quell'Amore di cui si son viste come tappe fondamentali l'esperienza della propria mutilazione e chiusura, quando legato alla sua vicenda fisica; l'esperienza della propria dispersione e estraneamento da sé stesso, quando asservito a sotterfugi e a motivi esterni; e il superamento e la liberazione da questi ultimi, sfocianti in una nuova forma d'asservimento, qual'è l'asservimento alla chiusura del proprio io: è quell'Amore che finalmente s'afferma nella pienezza del suo significato, sia pur non nella sua accezione più alta, nella canzone "Donne ch'avete intelletto d'amore." Come tale, non è qualcosa d'esterno, ma è esperienza fondamentale nello svolgimento della personalità di Dante. Se ritorniamo ai versi già visti del XXIV del Purgatorio, ci sentiamo tenuti a rilevare il significato più che letterale in cui quei versi vanno intesi: non ci si potrebbe mai fermare ad un commento che indicasse una sorta di rapporto meccanico e immediato tra quel "quando Amor mi spira" e quel "noto," quasi si trattasse di una sorta di meccanica dettatura. Una volta seguito Amore nel suo svolgimento nell'animo di Dante e una volta intesone il significato come esperienza fondamentale che coinvolge i valori principali della sua esistenza, non è possibile interpretare la risposta di Dante a Bonagiunta come una generica affermazione relativa alla sua fedeltà al dettato di Amore.[3] Il dettato d'Amore in questo contesto ha un significato che va al di là del significato letterale del dettar parole, e abbiamo colto questo significato seguendo lo svolgimento della *Vita Nuova:* il dettato d'Amore prima d'ispirar parole, è forza che summuove l'animo e lo porta a svolgersi e ad attingere ad una consapevolezza sempre più alta della propria vicenda. Questo significato

---

[3] Ma purtroppo la tendenza verso il semplicismo interpretativo sembra dominare le interpretazioni che son state date di questo passo: l'interpretazione di Fletcher non è che un esempio tra i molti:
> Sincerity, as Dante told Bonagiunta da Lucca on the Mount of Purgatory, was the single 'knot' that held back the older 'Sicilian' school, of which Bonagiunta is made representative, from that of the 'sweet new style' fathered by Guinicelli" (J.B. Fletcher, *Dante*, New York: Henry Holt and Company; London: Williams and Norgate, 1916, p. 24).

Volgendoci ad un'interpretazione più vicina a noi nel tempo, e cioè a quella data dal Pellegrini nel suo saggio "Dante e la tradizione poetica volgare dai Provenzali ai Guittoniani," ci troviamo ancora di fronte ad un'interpretazione molto simile a quella citata sopra:
> Sebbene al discorso dell'episodio di Bonagiunta sia connaturata una certa indeterminatezza, pare che il significato dei versi.
>   I' mi son un che, quando
>   Amor mi spira, noto, e a quel modo
>   ch'e' ditta dentro vo significando
> sia, tutto sommato, questo: "Io sono uno che, quando Amore fa sentire in me il suo alito, ripeto fedelmente quanto vengo notando sotto la sua dettatura;' che è quanto dire: 'io sono uno di quelli che, quando sono innamorati, fedelmente manifestano quanto hanno nell'animo.' Con tali parole Dante non si assegna una posizione singolare, ma s'inserisce (anche l'immagine di Amore dittatore era ormai trita) in un vasto e ormai lungo coro, che proclamava, come aveva fatto Bernardo di Ventadorn: 'cantare non vale nulla se dentro dal cuore non muove il canto;' e si distingueva un poetare a freddo, mero esercizio letterario, da un poetare per amore autentico. (op. cit., pp. 32-33)

d'Amore, visto ad un tempo come trascendenza ed immanenza, è significato che non si può lasciar da parte in un commento dei versi 52-54 del canto di Bonagiunta. L'Amore che detta parole, è Amore che raggiunge espressione poetica in quanto vive e si svolge nell'animo del poeta: è Amore che in quanto trascendenza si fa immanenza e svolgimento, è Amore che si rifrange nelle sue componenti per attingere nella consapevolezza di esse la spinta ad un superamento di sé stesso; è l'Amore analizzato, previsto e anticipato nel suo corso dalle visioni che ne ha il poeta: è l'Amore che ispira parole in quanto rieduca l'anima del poeta al volo verso il suo naturale elemento.

La replica di Bonagiunta alle parole di Dante illumina il significato del rapporto tra Amore ispiratore e il poeta, che ne accoglie l'ispirazione:

> "O frate, issa vegg'io" diss'elli "il nodo
> che'l Notaro e Guittone e me ritenne
> di qua dal dolce stil novo ch'i' odo.
> Io veggio ben come le vostre penne
> di retro al dittator sen vanno strette,
> che de le nostre certo non avvenne;
> e qual piú a riguardare oltre si mette,
> non vede piú da l'uno a l'altro stilo."
> (*Purgatorio*, canto XXIV, vv. 55-62).

Bonagiunta usa la parola "nodo" per indicare l'impedimento che ha trattenuto lui e il "Notaro" e Guittone al di qua dal "dolce stil novo," e successivamente ricorre al termine "penne" nei versi in cui indica la fedeltà con cui Dante segue Amore: ritengo che queste due immagini, "penne" e "nodo," siano intimamente legate, e nello stretto legame che le congiunge, ci riconducono ad una dottrina ben nota nel Medioevo, quella dottrina che ha ispirato a tanti mistici l'immagine delle "penne" di cui l'anima si riveste nella sua ascesa verso Dio. Leggiamo nel *Fedro* a proposito degli effetti prodotti dalla vista della bellezza in "chi un tempo fu contemplatore grande:"

> Egli dunque la [la creatura amata] guarda: gli avviene allora come dopo il brivido della febbre allorché mutando i sintomi, sudore irrora il paziente e calore inusitato in lui serpeggia; cosí discendendo in lui, attraverso le pupille,

effluvio di bellezza, nuovo calore pullula nel punto attraverso il quale la complessione dell'ala viene irrorata.
E in questo pullulare si dissolvono e si fanno molli le parti adiacenti al germe. Da lungo tempo quell'indurimento ne impediva il crescere. E quelle, chiuse se ne stavano. Invece improvvise discendono e copiose le forze dell'alimento. Tutto si fa turgido; tutto si muove; germina fin dalla radice in tutta l'anima lo stelo dell'ala. Oh! l'anima un tempo tutta era alata! (*Fedro,* op. cit., pp. 198-99)

Il nodo di cui Bonagiunta parla, perde parte del suo significato se non si ha a mente il linguaggio mitologico di Platone, linguaggio che per il suo stesso valore figurativo e poetico è stato profondamente assimilato per molti secoli al di là dell'ambito puramente filosofico. Assimilazione questa d'idee e di terminologia platoniche ch'è avvenuta spesso nel Medioevo per vie profondamente complesse ed indirette, al punto da far perdere spesso all'interprete la visione della fonte d'origine. Ancora una volta si dovrebbe forse ripetere ciò cui ho già accennato nelle prime pagine di questa ricerca, e chiedersi quale possa esser stata la fonte diretta di Dante, che certo non poteva aver conoscenza diretta del *Fedro,* di cui non erano disponibili traduzioni latine nell'epoca cui ci riferiamo.[4] Ma rispondere ad una domanda siffatta implicherebbe una ricerca a sé di possibili fonti indirette, ricerca che sarebbe di per sé alquanto complessa data la molteplicità delle fonti stesse. A ciò si aggiunga l'indubbia diffusione della terminologia essenziale dei miti platonici anche in un'epoca in cui per persone che ignorassero il greco, il numero di opere platoniche in traduzione latina era estremamente limitato.[5]

E' chiaro che una volta individuato il carattere platonico della terminologia usata da Dante in questo passo, il termine "penne" non può essere interpretato che come *ali,* uniformandoci in questo all'in-

---

[4] Come gia si è detto, la fonte fondamentale di conoscenza della filosofia platonica è stata nel Medioevo la traduzione del *Timeo* fatta da Calcidio.

[5] La terminologia platonica è indubbiamente presente nella *Philosophiae Consolatio* opera che Dante indubbiamente conosceva all'epoca della composizione della *Vita Nuova.* Vedi ad esempio le parole che Filosofia rivolge a Boezio nel Libro IV dell'opera:
Pennas etiam tuae menti quibus se in altum tollere possit adfigam, ut perturbatione depulsa sospes in patriam meo ductu, mea semita, meis etiam uehiculis reuertaris. (op. cit., IV, I, p. 300)

tarpretazione offerta da Mark Musa e basantesi su eccellenti argomenti di natura diversa.[6]

Il rapporto tra Dante e Amore è il rapporto complesso che s'è venuto configurando dinanzi ai nostri occhi attraverso i capitoli della *Vita Nuova*, e l'Amore ispiratore di poesia è l'Amore che l'ha indirizzato verso un'umanità piú profonda, e questa è l'accezione che preferiamo dare all'Amore "dittator" di cui si parla nel XXIV del *Purgatorio*. E se l'Amore "dittator" è l'Amore guida dell'animo di Dante, è chiaro che lo spirare di Amore non si può intendere come un estrinseco abbandono all'ispirazione del momento, dettata da Amore. Lo spirare di Amore rassomiglia piuttosto al trasparente rapporto che il poeta ha raggiunto nel suo animo con Amore, inteso in una delle sue accezioni piú alte. E quest'Amore è l'Amore ch'è cresciuto nell'animo di Dante, è una realtà interiore e una conquista personalissima: e ritornando ai versi 52-53 del *Purgatorio,* si è quasi tentati di dissolvere l'immobilità e la meticolosità dell'immagine suggerita da quel "noto" del verso 53 nella mobilità di un'accezione differente, ch'è pure suggerita dalla duplicità di significato del verbo "notare" nell'italiano antico. Dico che si è quasi tentati proprio perché quest'uso del verbo "notare" nel senso di *imprimere nella mente*, e non accompagnato da oggetto, ha solo un altro esempio nella *Divina Commedia* (*Purgatorio,* canto XXXIII, v. 52), laddove l'esempio piú comune è quello di "notare" accompagnato da oggetto diretto. Pensiamo che sia possibile ipotizzare una voluta ambiguità nell'uso del verbo da parte del poeta, e questo soprattutto per quell'idea di movimento (che sarebbe da intendersi qui in senso spirituale) ch'è suggerita dall'altra accezione del verbo (notare = nuotare).

> "O frate, issa vegg'io" diss'elli "il nodo
> che 'l Notaro e Guittone e me ritenne
> di qua dal dolce stil novo ch'i' odo..."
> (*Purgatorio,* canto XXIV, vv. 55-57)

Nel primo di questi versi abbiamo due termini fondamentali che ci aiutano ad intendere di quale distanza Bonagiunta parli quando accenna all'impedimento che trattenne lui e "'l Notaro e Guittone"

---

[6] Vedi M. Musa, "Le ali di Dante (e il dolce stil nuovo)," *Convivium,* 34 (1966), 361-368.

"di qua dal dolce stil novo": "issa" e "il nodo" sono due termini-chiave che per il loro significato caratterizzano la configurazione di quella distanza che separa i due stili di cui si parla. E' solo adesso ("issa"), e cioè nel Purgatorio, che Bonagiunta vede chiaramente "il nodo" che ha tenuto lontano lui e gli altri da lui citati, "dal dolce stil novo" di Dante: e qui il termine "nodo," che si può commentare ricorrendo al termine piú generico *impedimento*, ha in realtà una pregnanza di significato che va perduta abbandonando il termine stesso. La parola "nodo" sembra qui usata per indicare l'arrestarsi e l'avvilupparsi su sé stesso d'un qualche processo di svolgimento, d'un processo che avrebbe eventualmente eliminato la distanza tra i poeti di cui si parla, se avesse completato il proprio corso: ma tale processo di svolgimento non è qui caratterizzato come processo di raffinamento stilistico, è piuttosto un processo che viene inteso dall'anima di Bonagiunta nel suo significato piú pieno solo ora ("issa"), e cioè nel Purgatorio. E se il "nodo" che ne ha interrotto lo svolgimento viene inteso da quest'anima solo nel Purgatorio, è chiaro che tale processo di svolgimento è processo di natura spirituale: ed è per questa via confermato il carattere non puramente stilistico della definizione di 'ispirazione poetica' offerta da Dante nei versi 52-54. Se Bonagiunta può capire solo ora che cosa separa il suo stile dal "dolce stil novo" di Dante, è perché, come già si è affermato, la definizione dantesca non è da intendersi in senso puramente stilistico: o se la si intende in senso puramente stilistico, si deve offrire una nuova definizione di stile inquadrantesi nel contesto d'una particolare concezione dell'arte qual'è quella dantesca.

La pregnanza di significato del termine "nodo" si arricchisce alla luce della terminologia del mito platonico da noi già citato: accennare alle similarità terminologiche esistenti tra questo passo del *Purgatorio* e la presentazione in veste mitologica che Platone ci offre della vicenda dell'anima, non significa per me orientarsi verso un'interpretazione platonica della concezione dantesca dell'Amore e della poesia. Ché anzi, nonostante abbia sottolineato questa similarità, intendo limitare tale considerazione della derivazione platonica di termini e di idee dantesche, nell'ambito dell'individuazione di fonti utili nella misura in cui ci aiutano a intender meglio la poesia e il pensiero di Dante. Ed è in questo caso particolare che l'immagine del "nodo" che cosí da vicino ci ricorda la parola-immagine platonica "σxληρότης,"[7] viene illuminata nel suo significato dal richiamo platonico: ed ecco che la natura del "nodo" ch'è stato d'impedimento a Bonagiunta, si rafforza ai nostri occhi nel suo significato spirituale e si definisce come arresto d'una crescita di natura spirituale anch'essa. E all'immagine del "nodo" è contrapposta l'immagine delle "penne," di quelle penne che rendono l'anima platonica atta al volo verso il suo mondo ideale: di quelle "penne" di cui Dante è stato capace di rivestire la sua anima attraverso l'approfondimento del significato di Amore.[8] Ora la nota fondamentale di questo passo si caratterizza nel senso d'un movimento tutto spirituale, che non è figurativamente abbandonato da Dante

---

[7] Vedi *Phaedrus*, 251B, in: Plato, *Euthyphro, Apology, Crito, Phaedo, Phaedrus*, with an English translation, The Loeb Classical Library, Plato 1 (London: William Heinemann).

[8] Se l'interpretazione del termine "penne" come *ali* in questo passo di Bonagiunta è interpretazione insolita ma accidentalmente rinvenibile (vedi F. Biondolillo, *Poetica e poesia di Dante*, Messina: Casa ed. D'Anna, 1948, p. 25), non credo che sia possibile trovare un'interpretazione di questo passo in cui "penne" venga interpretato come *ali* e in cui, allo stesso tempo, il possessivo "vostre" venga inteso come plurale onorifico rivolto al solo Dante, prima di quella offerta da Mark Musa nel saggio da me citato in precedenza. Musa per giustificare il riferimento di quel "vostre" al solo Dante, nota che il plurale onorifico "non ha bisogno di giustificazioni nell'antica letteratura romanza," e adduce esempi dell'uso di tale plurale nella stessa *Commedia;* come adduce un esempio del passaggio dal tu al voi, che ha luogo nel colloquio di Bonagiunta con Dante e che ha un precedente nel canto XIX del *Purgatorio* (Musa, op. cit., p. 365). Alle ragioni addotte da Musa desidero aggiungere una ragione di carattere contenutistico a favore del riferimento di quel "vostre" a Dante: se si accetta la derivazione platonica della terminologia usata da Dante in questo passo (ci riferiamo a "penne" e "nodo"), è chiaro che il discorso di Bonagiunta non contiene solo implicazioni di carattere stilistico, ma anche e soprattutto di carattere spirituale (e delle implicazione stilistiche d'ogni moto spirituale, e viceversa, abbiamo amplia documentazione nella *Vita Nuova*); il riconoscere le implicazioni spirituali delle parole di Bonagiunta, significa rendere più personale il termine di riferimento di quel "vostre," che, a considerare attentamente il testo, nel drammatico contrasto prospettato dalle sue parole mal si adatterebbe ad un termine di riferimento generico quale sarebbe un gruppo di poeti neanche nominati in precedenza.

Ciò cui assistiamo qui è infatti il contrasto drammatico tra vicende spirituali che son state, e sono, per chi ancora vive, legate ad una loro vicenda stilistica e poetica, che n'è stata il naturale portato in coloro che poeti erano e che queste vicende han vissuto. Ché infatti nelle parole di Bonagiunta, contenute in quei versi 55-62, v'è presente un dramma, dramma che ha avuto in terra una sua veste stilistica, ma che ora in quell'anima purgante che vede le cose della terra alla luce d'una nuova consapevolezza, è tutto pregnante di significato spirituale, di quel significato spirituale di cui si carica ora agli occhi di Bonagiunta, un poetare che implica continua adeguazione ad un movimento di sviluppo e di ascesa spirituale:

neanche quando Bonagiunta "quasi contentato, si tacette," ma riappare nel particolare descrittivo del volo degli uccelli e nella rappresentazione, con risonanze spirituali, del moto delle anime, di quelle anime che in vita non erano state cosí "leggere" *(prive d'impedimento)* nel tendere al proprio progresso spirituale.

La comprensione del rapporto tra Amore e il poeta che n'è ispirato, è raggiunta da Bonagiunta nel Purgatorio, e precisamente in quella balza della montagna in cui le anime che son state intemperanti nella gola, si purificano della loro colpa e in questo processo di purificazione diventano spiritualmente consapevoli di quel "nodo" che gli ha impedito di seguire la voce e il fermento educatore di Amore. Nel *Timeo* Platone spiegando la ragione che ha spinto gli esseri che hanno presieduto all'organizzazione del corpo umano, a dare al ventre l'attuale interna configurazione, adduce come motivo quello di evitare al corpo la continua necessità d'ingerir cibo e conseguentemente la dipendenza da un appetito insaziabile per cui l'intero genere umano, per la sua stessa anatomia, sarebbe dominato dalla gola e perciò privato di filosofia e di cultura, e ribelle alla piú divina parte di noi stessi.[9] Amore nella concezione platonica e il processo di cui Amore è fermento, tro-

---

> ... "I' mi son un, che quando
> Amor mi spira, noto, e a quel modo
> ch'e' ditta dentro vo significando."
> (*Purgatorio*, canto XXIV, vv. 52-54)

E quella forma onorifica "vostre" si colora non solo d'un sentimento d'ammirazione per uno stile poetico, ma anche del sentimento d'ammirazione di quest' anima che ora riguarda la vita e la poesia, quella poesia ch'ella stessa aveva coltivato in vita, da una prospettiva altamente spiritualizzata: ed è la chiara coscienza che viene dalla consapevolezza della distanza spirituale tra i due stili, che ispira l'appagamento dell'anima:

> E, quasi contentato, si tacette.

Nessuna ironia in questo verso 63, al contrario di quel che pensa un critico come l'Azzolina che vede in questo verso "una punta ironica" riferentesi all'incapacità persistente anche ora in Bonagiunta di avvertire le profonde differenze di contenuto oltre che di stile presenti nella nuova poesia rispetto alla sua (L. Azzolina, "Dante e i fedeli d'Amore," *Convivium*, 2, No. 6 [1930], 824-825).

[9] Vedi il *Timeo:*

> Those who were constructing our kind were aware of the incontinence that would reside in us in respect of drinks and meats, and how that

vano nella gola uno degli ostacoli-base al loro sviluppo: pur non potendo riferire direttamente al *Timeo* la concezione dantesca, siamo portati a rilevare l'intonazione platonica che caratterizza l'episodio di Bonagiunta, di quel Bonagiunta che, impedito dalla sua intemperanza, non è stato in grado in vita d'intendere appieno e di seguire il dettato di Amore.

Dire che il Dante dell'episodio di Bonagiunta è il Dante *poeta* significa fare una distinzione che non è legittima, poiché il Dante *poeta* è il Dante *pellegrino* che progredisce nel suo cammino spirituale: e tale indissolubile unità tra il significato di poesia e quello di svolgimento spirituale è quell'unità che si può intendere attraverso una meditata lettura di quell'opera giovanile in cui Dante "fore trasse le nove rime." L'Amore ch'è fermento della vicenda spirituale di Dante nella *Vita Nuova*, è l'Amore che ispira le sue parole poetiche: e l'urgenza di questa vicenda spirituale e il suo legame con l'espressione poetica del suo protagonista, son stati tali che han portato alla prima creazione prosastica in lingua italiana d'un 'storia d'Amore' spogliando tale espressione del significato trito ch'essa ha assunto nella tradizione. L'Amore di Dante non è l'Amore dei poeti del suo periodo, sia pure muovendo da esso, ma è piuttosto una sorta di fermento spirituale, e indulgendo al significato platonico saremmo tentati di dire 'Demone': e dalle caratteristiche figurative della rappresentazione del 'Demone' non è esente la sua immagine nella prima parte della *Vita Nuova*.

---

because of our greed we would consume far more than what was moderate and necessary; wherefore, lest owing to maladies swift destruction should overtake them, and the mortal kind, while still incomplete, come straightway to a complete end,- foreseeing this, the Gods set the "abdomen," as it is called, to serve as a receptacle for the holding of the superfluous meat and drink; and round about therein they coiled the structure of the entrails, to prevent the food from passing through quickly and thereby compelling the body to require more food quickly, and causing insatiate appetite, whereby the whole kind by reason of its gluttony would be rendered devoid of philosophy and of culture, and disobedient to the most divine part we possess. (op. cit., p. 191)

Capitolo VI

"DONNE CH'AVETE INTELLETTO D'AMORE"

La canzone "Donne ch'avete intelletto d'amore" rappresenta indubbiamente uno dei momenti piú significativi della *Vita Nuova*, in quanto esprime nei suoi tratti fondamentali, se non nella sua accezione piú alta, la concezione di Amore, che Dante persegue e approfondisce in essa. Intendo soffermarmi nella considerazione e nel commento di questa canzone per un duplice motivo: innanzitutto è la considerazione dello svolgimento della concezione di Amore nella *Vita Nuova* che mi porta a dedicare una particolare attenzione a questo componimento poetico, e oltre a ciò esso sembra essere uno di quei componimenti poetici che per la ricchezza di elementi stilistici e contenutistici assurgono a simbolo d'una forma particolare di poesia.

La canzone è stata divisa da Dante in tre parti per facilitarne la comprensione: una prima parte proemiale, la seconda, e centrale, concernente l'argomento stesso della canzone, la terza e ultima, usando il linguaggio stesso di Dante, "serviziale" delle precedenti. Desidero ricordare a questo punto che il pubblico cui si rivolge la canzone è un pubblico limitato: "non ad ogni donna, ma solamente a coloro che sono gentili e che non sono pure femmine" (V.N., capitolo XIX, pp. 55-56); e piú in là:

> Dico bene che, a piú aprire lo intendimento di questa canzone, si converrebbe usare di piú minute divisioni; ma tuttavia chi non è di tanto ingegno che per queste che sono

fatte la possa intendere, a me non dispiace se la mi lascia stare, ... (V.N., cap. XIX, p. 65)

Quindi prima di tutto preoccupazione del pubblico cui la canzone si rivolge, e, dopo di ciò, preoccupazione del modo particolare in cui l'argomento verrà trattato: preoccupazioni queste che trovano espressione nella parte proemiale della canzone:

> Donne ch'avete intelletto d'amore,
> i' vo' con voi de la mia donna dire,
> non perch'io creda sua laude finire,
> ma ragionar per isfogar la mente.
> Io dico che pensando il suo valore,
> Amor sí dolce mi si fa sentire,
> che s'io allora non perdessi ardire,
> farei parlando innamorar la gente.
> E io non vo' parlar sí altamente,
> ch'io divenisse per temenza vile;
> ma tratterò del suo stato gentile
> a respetto di lei leggeramente,
> donne e donzelle amorose, con vui,
> ché non è cosa da parlarne altrui (vv. 1-14).

Questa prima parte della canzone è profondamente pensata, ed è veramente proemio al resto: lasciando da parte le suddivisioni in cui è stata divisa da Dante, che seguono poi il significato letterale dei versi, desideriamo soffermarci su quei versi che ci sembrano più significativi in rapporto alla concezione d'Amore e alla tecnica d'espressione poetica qui adottata. Già nei primi versi (vedi v. 3) c'è l'idea dell'ineffabilità dell'oggetto della poesia, idea che viene indirettamente ribadita nei versi successivi:

> che s'io allora non perdessi ardire
> farei parlando innamorar la gente.

E poi:

> E io non vo' parlar sí altamente,
> ch'io divenisse per temenza vile; ...

La celebrazione della donna amata ch'è oggetto del canto del poeta è celebrazione che chiaramente non può essere attinta nella sua compiutezza, sia per l'altezza stessa dell'oggetto che per l'inadeguatezza di colui che la canta, inadeguatezza quest'ultima da definirsi piuttosto su un piano assiologico che stilistico. Ché infatti il poeta si sente inadeguato per una sorta di sgomento che sopraggiunge in lui di fronte alla coscienza del valore della donna: "Io dico che pensando il suo valore, ...;" Beatrice è qui presentita come creatura che appartiene ad un mondo di valori piú alti di quelli comunemente attingibili. Se Dante potesse attingere ad una celebrazione piú profonda della sua donna, le sue parole sarebbero tali da destare Amore in chi le udisse. Una nota platonica colora sia l'idea dell'inattingibilità assiologica dell'oggetto del suo canto sia quella delle parole che elevandosi a tale altezza di valori sarebbero capaci di far "innamorar la gente." Una soluzione stilistica, intendendo qui per soluzione stilistica *soluzione espressiva*, è proposta a superamento del conflitto sopraccennato:

> ma tratterò del suo stato gentile,
> a respetto di lei leggeramente, ...

L'avverbio "leggeramente" ha qui un significato particolare e si contrappone alla riconosciuta impossibilità da parte del poeta di profondarsi nella celebrazione del valore della sua donna. "Leggeramente" avrà il valore di *superficialmente* nel senso di *indirettamente*: senza tentare cioè di attingere un'adeguazione compiuta di parola ed oggetto. Il linguaggio adottato dal poeta sarà un linguaggio figurato, potremmo dire *mitologico*, assumendo il termine nel suo significato etimologico riferentesi ad un tipo di discorso che procede figurativamente per favole: tale sarà in quella parte della canzone che immediatamente segue alla parte proemiale, e precisamente nei versi 15-28. Laddove la considerazione dei versi successivi di questa parte centrale della canzone implicherà un'accezione dell'avverbio "leggeramente" sempre nel senso di *indirettamente*, ma da intendersi in un senso non piú figurato e relativo piuttosto ad una celebrazione della donna attraverso gli effetti da essa prodotti e la sua bellezza terrena.

Dante nella sua prosa divide la canzone in tre parti e suddivide a loro volta queste parti in altre parti. Anche analizzando indipendentemente dal contenuto la struttura della canzone, si può raggiungere una suddivisione non contrastante con quella dantesca la quale si basa su criteri contenutistici. Se analizziamo la parte centrale della canzone (vv. 15-56) dal punto di vista della tecnica espressiva seguita dal poeta ci renderemo conto dell'effettiva tripartizione di essa basantesi sulle diverse maniere adottate dal poeta nell'accostarsi all'oggetto del suo canto: tale tripartizione corrisponde alle tre stanze centrali della canzone (vv. 15-28; vv. 29-42; vv. 43-56). Considerando il valore dell'avverbio "leggeramente" rispetto alla trattazione dell'oggetto del suo canto da parte di Dante nelle stanze suddette, ci accorgeremo che il valore di "leggeramente," da noi già inteso come *indirettamente,* pur in quest'accezione varia di significato da una stanza all'altra. E' mia intenzione di rilevare via via, unitamente al commento dei versi in questione, la diversità di tecniche espressive adottate nei versi considerati.

Dal punto di vista di Dante i versi 15-28 esprimono il modo in cui si riguarda la sua donna in cielo: "dico che di lei si comprende in cielo," le due stanze successive esprimono invece la prospettiva terrena: "dico che di lei si comprende in terra" (V.N., cap. XIX, p. 64). In che senso si può intendere l' avverbio "leggeramente" relativamente ai versi 15-28? Il linguaggio di Dante qui implica una forma di riferimento indiretto: si parla della sua donna e se ne parla attraverso terzi. Questi terzi sono un "angelo," la "Pietà" e "Dio": la scena è in cielo.[1] Il motivo del trasferimento della scena poetica in cielo non è insolito e un esempio vicino è dato dalla canzone del Guinizzelli; ciò che c'interessa non è in particolare lo spostamento

---

[1] Secondo Silvio Pellegrini "la scena in paradiso descritta dalla canzone ... è propriamente concepita come un dibattito giudiziario. In linea generica essa rispecchia il gusto per la forma della controversia, di cui tanto si compiacque la letteratura del tardo medioevo ...; in linea generale s'inserisce nella storia d'un motivo ben determinato, assai noto ai medievisti: il cosiddetto 'Processo di Paradiso' o 'Processo di Giustizia e Misericordia'." Sempre secondo il Pellegrini "... tale motivo ... muove com'è risaputo, dal primo sermone di San Bernardo 'In festo annunciationis B. Mariae Virginis'" (S. Pellegrini, "Angelo clama," *Studi Medievali*, 7. No. 2 [1966], 859). A Dante sarebbe pervenuto attraverso le *Meditationes vitae Christi* del Pseudo-Bonaventura, in cui tale motivo riappare, o addirittura attraverso la laude XLIII di Jacopone (op. cit., p. 863).

Pur accettando nel loro significato erudito le informazioni del Pellegrini, non condivido il punto di vista secondo cui "la canzone rispecchia il gusto per la forma della controversia, di cui tanto si compiacque la letteratura del tardo medioevo." Infatti l'adozione di tale prospettiva ha secondo me un significato tutto particolare nel contesto poetico della canzone, significato ch'è ben lontano da quel gusto per la forma della controversia di cui parla il Pellegrini.

della scena dalla terra al cielo, ma è il fatto che tale spostamento è stato chiaramente adottato per introdurre una prospettiva che ha già in sé stessa un valore altamente significativo. Infatti l'adozione di tale prospettiva in Dante è seria e porta come risultato la messa in scena d'una vera e propria breve favola dialogata, la quale è assunta per esprimere attraverso il valore dei suoi stessi elementi figurativi ciò che il poeta non avrebbe potuto esprimere direttamente e che s'è perciò risolto ad esprimere indirettamente ("leggeramente"). E' chiaro che termini come "il cielo," "i beati," "l'inferno" hanno una loro elementare pregnanza di significati. E' chiaro che dicendo "Lo cielo, che non have altro difetto / che d'aver lei, ... ," si esprime attraverso la pregnanza di significato di "cielo" e trasponendo su un piano diverso di rappresentazione la scena, ciò che sarebbe stato ben difficile predicare della donna da un punto di vista analitico e da una prospettiva terrena. Termini tradizionalmente pieni di significato come il "cielo" e l'"inferno" sono potenti espressioni sintetiche là dove la lingua del poeta si sente inadeguata ad esprimere minuziosamente e ad analizzare le sue sensazioni e i suoi pensieri. Cosí come "il cielo" è l'immagine radiosa che attira nella sua orbita la figura della donna ("Lo cielo, che non have altro difetto / che d'aver lei, ..."), l'immagine equivalente che può sinteticamente esprimere che significhi l'esser privati della donna è quella tradizionalmente contrapposta al "cielo": e cioè "l'inferno," che è qui assunto in senso potentemente spirituale come privazione di luce:

> "Diletti miei, or sofferite in pace
> che vostra spene sia quanto me piace
> là 'v'è alcun che perder lei s'attende,
> e che dirà ne lo inferno: O mal nati,
> io vidi la speranza de' beati." (vv. 24-28)

Potremmo dire che termini tradizionali sono riassunti in questi versi in tutta la pregnanza del loro significato, ché "il cielo" e "l'inferno" di questa canzone, come del resto "i beati" e "i mal nati," sono riadottati nella loro espressività come termini d'un linguaggio chiuso, il linguaggio che scaturisce da un'esperienza particolare. Come il cielo definisce il valore spirituale della donna, e n'è a sua volta definito (ché l'unico difetto del cielo è nel non aver la donna), così l'inferno già tradizionalmente caratterizzato si rafforza nel suo significato negativo per l'ineluttabile assenza da esso della donna: nei versi 24-28 v'è il riferimento ad una successione, ad un prima e ad un poi, che seppure anche temporali, implicano un'ineluttabilità spirituale che li rende irreversibili. Beatrice, speranza dei beati, starà quanto piacerà a Dio, là dov'è qualcuno ch'è già consapevole del suo valore e quindi della sua non-appartenenza alla terra e della conseguente necessità della sua perdita, e che dirà (e qui il futuro esprime il riferimento ad una successione temporale e quindi ad un evento temporale, sia pur pieno di significato spirituale, qual'è quello della scomparsa della donna amata), e che dirà nell'inferno e cioè nel mondo privato della sua luce: "O mal nati, esseri non destinati a godere della sua luce qui in terra, io ho avuto quel privilegio di godere la vista d'una creatura celeste." Cielo e inferno sia pure nel loro significato antitetico tradizionale sono qui riassunti nella loro antiteticità come simboli di una presenza e di un'assenza, la presenza e l'assenza della donna. Non vedo nel verso 27 nessun preannuncio da intendersi in senso letterale, del viaggio dantesco nell'oltretomba:[2] ché i "mal nati" del verso 27 non sono certo da intendersi come dannati, ma come esseri nati male e cioé destinati dal fatto stesso di esser nati troppo tardi, a non vedere quella creatura di cielo ch'era Beatrice. Se poi si vuol parlare d'un preannuncio dell' esperienza oltremondana di Dante senza specifici riferimenti a versi determinati di questa canzone, penso che sia legittimo farlo intendendo per preannuncio dell'esperienza d'inferno quell'esperien-

---

[2] Secondo il Barbi non c'è in suddetta canzone accenno alla *Divina Commedia*. Il Barbi non sembra dissentire dal D'Ancona, il quale, come riferisce lo stesso Barbi, "pensò a Dante stesso, che nella sua umiltà a confronto della perfezione di Beatrice dové sentirsi così lontano da lei e destinato all'inferno. Non farebbe meraviglia, perché in quei tempi di fede ardente il timore della dannazione era comune ..." (Dante Alighieri, *Rime della Vita Nuova e della giovinezza*, a cura di M. Barbi e di F. Maggini, Firenze: Le Monnier, 1956, p. 77).

Tale interpretazione sarebbe secondo me in contrasto col verso 42 della stessa canzone: "che non pò mal finir chi l'ha parlato."

Shaw interpreta questi versi ("e che dirà ne lo inferno: O mal nati, / io vidi la speranza de' beati"), riferendosi alla canzone "Lo doloroso amor," e precisamente ai versi 35-40, e stabilendo un paragone tra questi e quelli di "Donne ch'avete intelletto d'amore." In entrambi i passi delle due canzoni Shaw vede un'ipotesi che consegue ad un'altra, ch'è in sé stessa gratuita: "It is understood, in our passage, that the loss of Beatrice will mean the damnation of Dante. But is the poet convinced that he will lose her? Not at all" (J. E. Shaw, *Essays on the V. N.*, op. cit., p. 116).

za stessa di assenza di luce che abbiamo intravisto in questi versi, e piú potentemente nella visione del capitolo III.

> Angelo clama in divino intelletto
> e dice: "Sire, nel mondo si vede
> maraviglia ne l'atto che procede
> d'un'anima che 'nfin qua su risplende."
> Lo cielo, che non have altro difetto,
> che d'aver lei, al suo segnor la chiede,
> e ciascun santo ne grida merzede.
> Sola Pietà nostra parte difende,
> che parla Dio, che di madonna intende:
> "Diletti miei, or sofferite in pace
> che vostra spene sia quanto me piace
> là 'v'è alcun che perder lei s'attende,
> e che dirà ne lo inferno: O mal nati,
> io vidi la speranza de' beati." (vv. 15-28)

In questa stanza si parla dell'anima di Beatrice e del suo valore, e se ne parla indirettamente, attraverso una prospettiva celeste; la forma d'espressione adottata è una forma d'espressione particolare, per cosí dire *favolosa:* la prospettiva terrena è introdotta nelle due stanze (vv. 29-42; vv. 43-56) che considereremo ora. Dobbiamo osservare subito che l'avverbio "leggermente" nell'accezione di *indirettamente* assume una sfumatura diversa se riferito ai versi 29-42: non piú dialoghi in cielo, e quindi forma d'espressione mitologica, ma la prospettiva umana del poeta, "or voi di sua virtú farvi savere." Ma questa prospettiva umana del poeta non si volge alla diretta considerazione del valore della sua donna, ma solo a quella degli effetti della sua virtú. Il linguaggio favoloso è abbandonato, non piú tentativi di attingere allo splendore della sua anima qual'è figurativamente definito nel contesto dei versi 15-28 in quel rapporto e contrasto con i termini di "cielo" ed "inferno;" ma celebrazione indiretta (leggermente = indirettamente) non esente da toni guinizzelliani:[3]

---

[3] Vedi ad esempio il sonetto del Guinizzelli "Io voglio del ver la mia donna laudare."

> Madonna è disiata in sommo cielo:
> or voi di sua virtú farvi savere.
> Dico, qual vuol gentil donna parere
> vada con lei, che quando va per via,
> gitta nei cor villani Amore un gelo,
> per che onne lor pensero agghiaccia e pere;
> e qual soffrisse di starla a vedere
> diverria nobil cosa, o si morria.
> E quando trova alcun che degno sia
> di veder lei, quei prova sua vertute,
> ché li avvien, ciò che li dona, in salute,
> e sí l'umilia, ch'ogni offesa oblia.
> Ancor l'ha Dio per maggior grazia dato
> che non pò mal finir chi l'ha parlato (vv. 29-42).

Dei versi di questa stanza, quelli compresi tra il primo e l'ultimo riguardano ciò che il poeta dice degli effetti della virtú della donna e *virtú* ha in questo contesto una sfumatura assiologica nel senso di *valore*. Il primo e l'ultimo di questi versi, e cioè il ventinovesimo e il quarantaduesimo si riallacciano alla prospettiva da cui la donna veniva riguardata nei versi 15-28: "Madonna è disiata in sommo cielo ...," "che non pò mal finir chi l'ha parlato." C'è un definito gravitare verso l'alto sia dell'immagine della donna che degli effetti che essa produce: movimento verso l'alto ch'è risolutamente la caratteristica fondamentale della canzone sia rispetto ai precedenti componimenti poetici della *Vita Nuova* che rispetto alla produzione poetica del suo tempo.[4]

> Dice di lei Amor: "Cosa mortale
> come esser pò sí adorna e sí pura?"

---

[4] Questa caratteristica fondamentale da me rilevata, si riallaccia al concetto dantesco di ispirazione poetica, ed è caratteristica assolutamente individuale della poesia dantesca. Non condivido perciò il punto di vista del Gaspary il quale nota a proposito di questa canzone che pur inserendo Dante appieno nella scuola poetica del Dolce Stil Nuovo, non rivela però nessuna grande innovazione: "... and Dante can scarcely have intended to claim such for himself, when he makes Bonagiunta Urbiciani say in the Purgatorio (XXIV, 49):/ But say if him I here behold, who forth/ Evoked the new invented rhymes, beginning ..." (A. Gaspary, "The Meaning and Character of the *Vita Nuova*," *Aids to the Study of Dante*, ed. C.A. Dinsmore. Boston and New York: Houghton, Mifflin and Co.; Cambridge: The Riverside Press, 1903, pp. 178-79).

> Poi la reguarda, e tra sé stesso giura
> che Dio ne 'ntenda di far cosa nova.
> Color di perle ha quasi, in forma quale
> convene a donna aver, non for misura:
> ella è quanto de ben pò far natura;
> per essemplo di lei bieltà si prova.
> De li occhi suoi, come ch'ella li mova,
> escono spirti d'amore inflammati,
> che feron li occhi a qual che allor la guati,
> e passan sí che 'l cor ciascun retrova:
> voi le vedete Amor pinto nel viso,
> là 've non pote alcun mirarla fiso. (vv. 43-56)

Questa terza stanza della parte centrale della canzone è una nuova esemplificazione di quel "leggeramente" di cui si è già ripetutamente parlato. Dal discorso in cielo su Beatrice, si è passati alla celebrazione indiretta della sua virtú attraverso quella degli effetti prodotti da essa e infine in questa terza stanza alla celebrazione della sua bellezza terrena. Questa è l'unica celebrazione diretta di Beatrice da parte di Dante, che si abbia in questa canzone: questa terrena è l'unica bellezza che il poeta possa direttamente celebrare. Bellezza che sconvolge l'animo ed è tramite di Amore; bellezza terrena ch'è solo esempio d'una bellezza piú alta che attraverso di essa si può presentire: "per essemplo di lei bieltà si prova." La contemplazione d'una bellezza umana è sempre tramite ad una contemplazione piú alta: ed essa stessa indiretta contemplazione di questa bellezza. Non penso che il significato di "leggeramente" riferito a quest'ultima stanza della parte centrale della canzone abbisogni di ulteriori commenti: ché nel contesto di questa concezione della bellezza la contemplazione della bellezza terrena è sempre contemplazione piú o meno diretta d'una bellezza piú alta.[5]

---

[5] La concezione della bellezza ch'è chiaramente implicita nella canzone è concezione platonica: "per essemplo di lei bieltà si prova." Bellezza è tra gli enti ideali quello che si può cogliere con maggiore chiarezza grazie alla vista ch'è tramite ad essa ed è l'organo sensorio piú perfetto, secondo Platone. E' innegabile la presenza di elementi platonici nella poesia d'amore italiana del secolo XIII, com'è innegabile l'influsso platonico nella concezione dantesca dell'amore. La presenza di elementi platonici piú o meno consapevoli nella dottrina dell'amore dominante in questo periodo è rilevata dal Vossler (op. cit., pp. 298-99), come lo è dal Nardi (B. Nardi, *Dante e la cultura medievale, Nuovi saggi di filosofia dantesca,* Bari: Laterza, 1942, p. IX), e da diversi altri critici (vedi Norton, Dinsmore, Gaspary, ecc.).

La parte centrale di questa canzone non è che una variazione, attraverso tecniche espressive diverse, nella celebrazione d'uno stesso motivo. Ed è nella variazione delle tecniche di accostamento all'oggetto del suo canto, che il poeta esprime una particolare concezione della bellezza e dell'amore. Dall'ardita prospettiva in cielo ch'è l'unica prospettiva possibile da cui riguardare la donna nella sua bellezza piú alta, si passa alla prospettiva umana che di quella bellezza può contemplare solo gli effetti, mentre può affissare lo sguardo sulle spoglie propriamente terrene di essa. Si procede dalla visione celeste della donna alla visione piú legata alle sue sembianze umane, visione ch'è a sua volta potenziata dal ricordo di quella visione celeste: "per essemplo di lei bieltà si prova." Amore è in, e scaturisce da questa visione della bellezza terrena della donna, quell'Amore che porta il poeta ad una contemplazione cosí alta della donna, quale si esprime in questa celebrazione, direi circolare, del suo valore. La stanza finale è ad un tempo commiato ed ammonimento rivolto alla canzone, e nella sua pensosità rivela ancora una volta la preoccupazione dell'autore circa il pubblico cui essa si rivolgerà:

> Canzone, io so che tu girai parlando
> a donne assai, quand'io t'avrò avanzata.
> Or t'ammonisco, perch'io t'ho allevata
> per figliuola d'Amor giovane e piana,
> che là 've giugni tu diche pregando:
> "Insegnatemi gir, ch'io son mandata
> a quella di cui laude so' adornata".
> E se non vuoli andar sí come vana,
> non restare ove sia gente villana:
> ingegnati, se puoi, d'esser palese
> solo con donne o con omo cortese,
> che ti merranno là per via tostana.
> Tu troverai Amor con esso lei;
> raccomandami a lui come tu dei. (vv. 57-70)

Se la canzone "Donne ch'avete intelletto d'amore" ha assunto un valore altamente rappresentativo in rapporto alle "nove rime" di Dante è perché nella sua compiutezza esprime quell'itinerario di Amore che non chiudendosi in sé stesso muove verso una vicenda piú alta: lo spiraglio in cielo che apre la parte centrale della canzone, lascia intravedere il punto di partenza e il punto di arrivo di questo itinerario, che per l'altezza della sua mèta implica una necessaria incompiutezza in terra. Le immagini parziali d'un itinerario siffatto si ricollocano nell'ambito d'una tradizione nota, benché si rifacciano all'espressione piú alta che tale tradizione aveva trovato nella poesia guinizzelliana. Tali i sonetti: "Amore e'l cor gentil sono una cosa," e "Ne li occhi porta la mia donna Amore."

Se si considerano le stanze centrali della suddetta canzone, fatta eccezione per la stanza "Angelo clama in divino intelletto," le altre stanze presentano come caratteristica spiccatamente originale quell'allusione ad una mèta piú alta che serba ad Amore quella disponibilità ad ulteriori sviluppi, che contrassegna e rende nuova la poesia di Dante. La stanza "Angelo clama ..." è stata esclusa dalla nostra considerazione, perché essa rappresenta in sé stessa un tipo particolare di linguaggio poetico, in virtú del quale ciò che è nelle altre stanze semplice allusione ad una mèta piú alta, qui diventa prospettiva poeticamente assunta da Dante per esprimere attraverso una terminologia escatologica assunta dalla tradizione, ciò che egli avrebbe altrimenti potuto esprimere solo attraverso un linguaggio allusivo. Nel linguaggio poetico di questa stanza immagini tradizionali sono riassunte come termini espressivi d'un'esperienza individualissima e in una prospettiva, ch'è significativa nella misura in cui spogliata della sua tradizionalità diventa prospettiva poetica ch'è essa stessa elemento espressivo nel contesto della creazione artistica.

CAPITOLO VII

"...–CHE FAI? NON SAI NOVELLA?
MORTA È LA DONNA TUA, CH'ERA SÍ BELLA–."

> Appresso ciò non molti dí passati, sí come piacque al glorioso sire lo quale non negoe la morte a sé, colui che era stato genitore di tanta maraviglia quanta si vedea ch'era questa nobilissima Beatrice, di questa vita uscendo, a la gloria etternale se ne gío veracemente. (V.N., capitolo XXII, pp. 70-71)

Ritorna in questo capitolo XXII il motivo della morte, e per morte intendiamo qui l'evento fisico che pone termine all'esistenza. Ci serviamo dell'espressione *ritornare,* perché questo motivo non è nuovo nell'opera da noi considerata. Nel capitolo VIII la morte di "una donna giovane e di gentile aspetto molto" serviva d'occasione alla composizione di due sonetti "Piangete, amanti" e "Morte villana:" il motivo della morte appariva lí come motivo occasionale, preso in considerazione soprattutto da un punto di vista convenzionale e in quanto pretesto ad una celebrazione piú o meno diretta della donna amata. La Morte era vista come colei che distrugge la bellezza terrena e come colei che allontana da questo mondo la cortesia e le virtú umane. Essa era:

> Morte villana, di pietà nemica,
> di dolor madre antica,
> giudicio incontastabile gravoso, ...
> (V.N., cap. VIII, son. IV)

Non v'era cioè una drammatizzazione della Morte intesa come possibile e necessaria esperienza incombente su ogni essere umano: la Morte era come *esperienza* ancora lontana dall'animo di Dante, ed offriva lo spunto ad un'estetica contemplazione del pianto della donna amata. Da un punto di vista piú generale potremmo dire che la Morte s'è accostata a Dante per la prima volta nel capitolo VIII della *Vita Nuova,* ma l'animo di Dante nella sua immaturità, immaturità che non implica inconsapevolezza di essa nella testimonianza che l'autore ce ne offre,[1] non era in grado di dialettizzare nell'intimo del suo essere una tale esperienza. L'immagine della Morte era ancora pretesto esterno, ancora apparenza vuota, uno di quei "simulacra" cui si volgeva allora il suo amore.

Ma ora la morte s'è accostata di nuovo a Dante, e ancora una volta attraverso Beatrice, e il capitolo XXII ci offre testimonianza di quest'evento. E' il padre di Beatrice ch'è morto, e il dolore causato da quest'evento è cosí profondo nell'animo della donna che anche una contemplazione indiretta di esso, ch'è l'unica che a Dante sia concessa, importa una sua vivificazione e drammatizzazione nell'animo del poeta. Queste gentili immagini di donne che Dante introduce nel capitolo XXII quasi mezzo filtrante dei sentimenti piú profondi tra sé e la donna amata, riflettono o piuttosto rifrangono il dolore di Beatrice ch'è rivelato in tutta la sua profondità proprio per non essere direttamente contemplato. Il dolore impresso nei volti e negli atti di quelle donne è il messaggio d'un dolore piú grande che non può esser direttamente espresso o contemplato:

> Io veggio li occhi vostri c'hanno pianto,
> e veggiovi tornar sí sfigurate,
> che 'l cor mi triema di vederne tanto.
> (V.N., cap. XXII, son. XII).

---

[1] Affermando questo, che cioè l'immaturità dell'animo di Dante a questo punto non implica inconsapevolezza di essa nella testimonianza che l'autore ce ne offre, non faccio altro che sottolineare la distanza esistente al momento della composizione della *Vita Nuova* tra l'autore da un lato e le vicende e le poesie stesse del passato, di un passato che l'autore consapevolmente riassume come parte significante di un'esperienza, di un'esperienza che solo ora si configura come tale agli occhi di Dante, e nella quale la stessa immaturità spirituale e poetica del passato diventa elemento significante.

E piú in là nel sonetto seguente, attraverso la voce delle donne:

> Ell'ha nel viso la pietà sí scorta,
> che qual l'avesse voluta mirare
> sarebbe innanzi lei piangendo morta.
> (V.N., cap. XXII, son. XIII)

Il motivo della Morte è qui contemplato attraverso il dolore della donna, ma questo dolore è visto in tutta la sua profondità e la sua drammaticità. E la pietà di Dante per il dolore di Beatrice è cosí profonda, che la Morte, intendiamo la morte fisica nel suo significato piú ovvio, si è accostata a lui come esperienza.[2] E' la donna amata che ha avvicinato il pensiero di Dante alla considerazione della Morte. Nove sonetti prima sia di "Voi che portate la sembianza umile" che di "Se' tu colui c'hai trattato sovente," abbiamo rispettivamente "Piangete, amanti" e "Morte villana:" è la profonda distanza tra questi sonetti che ci richiama a questo punto al gran cammino ch'è stato percorso dal poeta nel suo svolgimento spirituale. Il capitolo XXIII contiene quella ch'è dal punto di vista della struttura esterna della *Vita Nuova* la canzone centrale

---

[2] Il motivo della morte è motivo che ritorna frequentemente nella poesia dei trovatori. "An early example of the song of lament is furnished by Bertran de Born's famous poem upon the death of the young king" (vedi L.F. Mott, *The System of Courtly Love, Studied as an Introduction to the Vita Nuova of Dante*, Boston & London: Ginn and Co., 1896; rpt. New York: Haskell House, 1965, p. 109). Questo motivo è presente del pari in Chrétien de Troies e la Morte è in genere biasimata e maledetta.

Il Mott ritiene che:

> the consideration of the verse of the *Vita Nuova* apart from its prose, therefore, shows that up to the period of Beatrice's death Dante followed closely the models furnished by his predecessors and contemporaries. Not only does he use the same poetical vocabulary, as would, indeed, be inevitable, but he has the same feelings and ideas as the others. With the poems about Beatrice's death, we enter upon the truly original part of his youthful work. Conventional feelings are discarded under the pressure of that calamity. Even the poetical vocabulary becomes more thoroughly his own" (op. cit., p. 134).

Non credo che si possa cosí recisamente ascrivere, come fa il Mott, al periodo posteriore alla morte di Beatrice, l'abbandono da parte di Dante di una convenzionalità di forme poetiche e di sentimenti. I sonetti XII e XIII della *Vita Nuova* non rivelano secondo me alcuna convenzionalità di forme o di sentimenti.

dell'opera e ha come suo tema fondamentale la riflessione sulla Morte.

Il capitolo XXIII, ch'è uno dei capitoli piú lunghi della *Vita Nuova*, dedica al suo argomento una compiuta trattazione sia in prosa che in poesia. A quest'argomento ci siamo già accostati attraverso il capitolo precedente che non ha fatto altro che disporre l'animo e la sensibilità del poeta a questa trattazione. La riflessione sulla Morte che abbiamo indicato come argomento principale sia della prosa che della poesia di questo capitolo XXIII è maturata lentamente attraverso lo svolgimento spirituale di Dante. E di questo svolgimento spirituale è storia consapevole la *Vita Nuova*. La Morte è, si puo dire, il tema che incombe a questo punto dell'opera. Nella visione del capitolo III era simboleggiato un tipo diverso di morte, la morte intesa come chiusura ad una vita spirituale piú alta di quella legata ai sensi: ed è questo tipo di morte che s'è fatto sentire come fermento spirituale nello svolgimento e progresso di Amore in Dante.

In "Donne ch'avete intelletto d'amore" Beatrice era riguardata come creatura di cielo, destinata a non attardarsi a lungo su questa terra e non per una sorta di previsione della sua prossima fine, ma per un'intuizione del suo altissimo valore.[3] Beatrice diventava nella canzone il termine inattingibile d'un Amore che s'era affermato come svolgimento nel senso d'una vita spirituale piú alta. Essa stessa definita nella sua essenza di valore spirituale era creatura appartenente al cielo: la vita terrena si scoloriva di fronte alla sua appartenenza ad una vita piú alta. La morte come vicenda ed esperienza terrena era assente in quella celebrazione di Beatrice, che pur sembrava gravitare tutta verso il cielo. La concezione espressa da Dante in quella canzone sembrava attingere all'intuizione d'una delle forme piú alte di Amore, di quell'Amore che s'è svincolato dai legami terreni e riconosce l'appartenenza della sua mèta al cielo. Ma la morte fisica eliminante l'ostacolo frapponentesi all'appartenenza della donna al cielo, pur non essendo necessario correlato di quella concezione di Amore, e tuttavia incombendo su di essa,

---

[3] Non condivido il punto di vista accettato da diversi interpreti, tra cui il Gilson, secondo cui è chiaro in tale canzone il riferimento all'evento della morte di Beatrice.

era estranea all'altissima intuizione poetica di Dante. Quando Dante nel capitolo XX parla dell'occasione che l'ha portato a comporre il sonetto "Amore e 'l cor gentil sono una cosa," scrive riferendosi a "Donne ch'avete intelletto d'amore:"

> Appresso che questa canzone fue alquanto divolgata tra le genti, con ciò fosse cosa che alcuno amico l'udisse, volontade lo mosse a pregare me che io li dovesse dire che è Amore, avendo forse per l'udite parole speranza di me oltre che degna." (V.N., cap. XX, p. 65-66)

V'è anche in queste parole una sorta di consapevolezza del valore soprattutto intuitivo piuttosto che ragionato e discorsivo, della concezione d'Amore espressa in quella canzone; "... avendo forse per l'udite parole speranza di me oltre che degna:" è come se il poeta avvertisse una sorta di dislivello tra il termine da lui spiritualmente attinto nell'ispirazione poetica e la sua ordinaria vicenda d'uomo ch'è pur poeta.

Un dislivello di natura non propriamente artistica, ma più spiccatamente spirituale rispecchiante la distanza tra la finalità intenzionale della poesia e l'effettiva realizzazione poetica, era quello rilevato dalle "gentili donne" del capitolo XVIII. All'affermata finalità dell'amore di Dante, che ripone la sua beatitudine in quelle parole che lodano la sua donna, è replica la risposta della donna: "Se tu ne dicessi vero, quelle parole che tu n'hai dette in notificando la tua condizione, avrestú operate con altro intendimento" (V.N., cap. XVIII, p. 54). Si potrebbe dire che l'intuizione circa il significato di Amore, precede nell'itinerario da noi seguito nella *Vita Nuova*, l'effettiva adeguazione ad essa dell'animo del poeta. V'è una trascendentalità di Amore che è attinta nei diversi momenti dell'opera, nei quali essa si realizza ora attraverso il simbolismo pedagogico delle visioni, ora attraverso una sorta di distacco e di consapevolezza esprimentisi nel linguaggio eminentemente immaginativo delle apparizioni, ora semplicemente in una superiore intuizione poetica qual'è quella di "Donne ch'avete intelletto d'amore." La riflessione sulla Morte e l'appropriazione da parte del poeta dell'esperienza della stessa come passo nell'adeguazione ad un concetto piú alto d'Amore, già intuitivamente raggiunto, sono in questo momento i motivi che s'impongono all'attenzione del lettore.

> Appresso ciò per pochi dí avvenne che in alcuna parte de la mia persona mi giunse una dolorosa infermitade, onde io continuamente soffersi per nove dí amarissima pena; la quale mi condusse a tanta debolezza, che me convenia stare come coloro li quali non si possono muovere. (V.N., cap. XXIII, pp. 75-76)

Il riferimento al nove in questo periodo iniziale del capitolo XXIII prepara il lettore, ormai assuefatto al valore particolare di questi riferimenti, al verificarsi d'un qualche *evento*. E infatti:

> Io dico che ne lo nono giorno, sentendome dolere quasi intollerabilemente, a me giunse uno pensero lo quale era de la mia donna. (V.N., cap. XXIII, p. 76)

L'evento cui il *nove* ci prepara è un evento di natura particolare, la cui rilevanza, e significatività, è sottolineata appunto dal riferimento al numero. Non è tuttavia una visione: sebbene il nove fosse stato il numero accompagnatore delle visioni sino a questo momento, era stato accompagnatore anche degli *eventi* piú significativi della *Vita Nuova*.[4] E', direi, in parte un riflettere consapevole e in parte un "imaginare" ("vano imaginare" è definito nella canzone). Il riflettere consapevole, il cui punto di partenza è indicato nella prosa in un pensiero "lo quale era de la mia donna," porta Dante a considerare la fragilità della sua vita: "... e veggendo come leggiero era lo suo durare, ancora che sana fosse, sí cominciai a piangere fra me stesso di tanta miseria" (V.N., cap. XXIII, p. 76). La riflessione sulla fragilità della sua vita porta seco come correlato la riflessione sulla fragilità di un'altra vita assai cara: "Onde, sospirando forte, dicea fra me medesimo: 'Di necessitade convene che la gentilissima Beatrice alcuna volta si muoia'" (V.N., cap. XXIII, p. 76). Questi i due pensieri che precedono lo smarrimento che conduce il poeta ad una sorta di farneticare: in questo farneticare l'immaginazione ha una parte dominante, l'immaginazione non controllata

---

[4] Il nove è numero che accompagna l'evento della comparsa di Beatrice agli occhi di Dante nel secondo capitolo, com'è del resto il numero che scandisce gli anni che separano questa prima comparsa da quella seconda cui è legato l'evento del saluto.

dalla ragione ma neanche scissa completamente da essa. Il riflettere iniziale s'è trasformato in un immaginare che dalla riflessione ha preso le mosse, ma che erra indipendentemente dalla ragione profondandosi tuttavia in una fantastica immedesimazione esistenziale coll'oggetto della riflessione.

Ed ecco in questo farneticare apparire dei volti di donne scapigliate: "Tu pur morrai," dicono a Dante, e poi dopo queste donne appaiono, in una crescente minacciosità che pervade l'immaginazione, visi strani ed orribili che gli annunciano la sua stessa morte: "Tu se' morto." Ora l'immaginazione di Dante erra senza controllo in un clima spirituale desolato e minaccioso in cui le immagini che lo concretizzano ed esprimono, sono riflesso di un'attitudine profonda dell'animo del poeta. E' la morte non spiritualizzata, la morte vista come fine della vita umana e come fonte di dolore, quella che incombe su questo fantasticare, che raggiunge il suo culmine in quella visione apocalittica che si conchiude con l'annuncio della morte della donna amata: "Or non sai? la tua mirabile donna è partita di questo secolo." La morte s'è imposta sino a questo momento come immagine minacciosa, come fatto terribile e incombente: questa è secondo me l'immagine della morte che domina la prima parte di questo farneticare e trova la sua espressione compiuta nell'affermazione della morte di Beatrice.

Ma si può dire che proprio l'annuncio della morte di Beatrice, e cioè il guardare in faccia alla morte nella sua crudezza, sia come il giro di volta di questa riflessione farneticante o piuttosto di questo farneticare riflessivo. E il pianto di Dante disciolglie la distanza angosciosa che lo separava dalla morte; la morte non è più minaccia incombente, ma è realtà nell'animo del poeta: "Allora cominciai a piangere molto pietosamente; e non solamente piangea ne la mia imaginazione, ma piangea con li occhi, bagnandoli di vere lagrime." Il cielo stesso che poco prima era divenuto scenario d'una visione apocalittica, si rischiara riflettendo il mutato animo del poeta:

> Io imaginava di guardare verso lo cielo, e pareami vedere moltitudine d'angeli li quali tornassero in suso, ed aveano dinanzi da loro una nebuletta bianchissima. A me parea che questi angeli cantassero gloriosamente, e le parole del loro canto mi parea udire che fossero queste: *Osanna in excelsis;* e altro non mi parea udire. (V.N., cap. XXIII, pp. 77-78)

E' il cuore stesso di Dante, "ove era tanto amore" che a lui conferma la realtà della morte di Beatrice: "Vero è che morta giace la nostra donna." E il suo farneticare lo porta a guardare in faccia la morte fisica, quella morte ch'è realtà ora nel "corpo ne lo quale era stata quella nobilissima e beata anima." Il tono minaccioso e apocalittico della prima parte del farneticare è assente da questa contemplazione della morte. L'immagine di Beatrice morta è immagine improntata a grande soavità: ciò che di strano e orribile e spaventoso era nell'incombere della morte, è svanito, e il volto della donna cinto da "uno bianco velo" è volto rassicurante, improntato ad umiltà e pace. Là morte che s'esprime nel suo volto non è la morte come angoscioso distacco dalla vita, ma è la morte come principio di vita: "... e pareami che la sua faccia avesse tanto aspetto d'umilitade, che parea che dicesse: 'Io sono a vedere lo principio de la pace'."

Nella prima parte di quest'immaginazione la minaccia della morte aveva avuto dapprima come suo oggetto la vita di Dante e poi quella della stessa Beatrice per culminare nella visione della sua morte: ora abbiamo come un movimento inverso ma specularmente rispondente al precedente. Beatrice e la morte contemplata in essa, sono come il perno di questo movimento. Ma questa volta all'incombere della morte corrisponde la presenza e la contemplazione di essa, dapprima nella donna amata e poi in quell'avvicinamento ad essa morte nell'invocazione che il poeta le rivolge:

> "Dolcissima Morte, vieni a me, e non m'essere villana, però che tu dei essere gentile, in tal parte se' stata! Or vieni a me, che molto ti desidero; e tu lo vedi, ché io porto già lo tuo colore." (V. N., cap. XXIII, pp. 78-79)

Quella morte ch'era stata chiamata "Morte villana, di pietà nemica" è ora "dolcissima morte" e "gentile" perché è stata con Beatrice, ed è ad essa che Dante anela come via per congiungersi alla sua donna. E' con l'invocazione ad essa che si chiude quest'immaginazione: "Oi anima bellissima, come è beato colui che ti vede!," "O Beatrice, benedetta sie tu."

Il riflettere dapprima e poi l'immaginare di Dante oscillano tra due poli, sé stesso e la donna amata; il pensiero della fragilità della propria vita lo porta a riflettere sulla necessità di quella morte che incombe sulla vita della "gentilissima Beatrice;" cosí nel suo farneticare la minaccia della morte s'appunta prima su di lui per poi ampliarsi in una visione apocalittica preannunciante la morte della donna, ed è dalla morte della donna che, seguendo stavolta un ordine inverso, l'immaginazione del poeta si volge ad una nuova contemplazione della morte nel suo accostamento a Beatrice, per poi invocare l'accostarsi di questa morte a sé stesso.[5] Abbiamo quindi un riflettere sulla necessità della morte, e poi nel farneticare e immaginare che segue, un'anticipazione esistenziale ed angosciosa della stessa: Beatrice morta, e qui ci riferiamo a quell'immagine corporea cui Dante si riferisce e cui le donne tributano i servizi estremi, è il centro dell'immaginare ed anche l'avvio ad una contemplazione ed accettazione della morte.

Lo stesso ordine e lo stesso movimento che abbiamo rilevato nella prosa del capitolo XXIII, sono alla base della seconda parte, seguendo la suddivisione di Dante, della canzone "Donna pietosa e di novella etate," di quella parte cioè in cui egli descrive alle donne la sua immaginazione.

> Mentr'io pensava la mia frale vita,
> e vedea 'l suo durar com'è leggiero,
> piansemi Amor nel core, ove dimora;
> per che l'anima mia fu sí smarrita,
> che sospirando dicea nel pensero:
> –Ben converrà che la mia donna mora–.
> Io presi tanto smarrimento allora,
> ch'io chiusi li occhi vilmente gravati,
> e furon sí smagati
> li spiriti miei, che ciascun giva errando;
> e poscia imaginando,
> di caunoscenza e di verità fora,
> visi di donne m'apparver crucciati,

---

[5] Sanguineti nel suo saggio "Per una lettura della *Vita Nuova*" nota questo trapassare del motivo della Morte dal poeta a Beatrice per poi convertirsi "nel giuoco della fantasia ('di caunoscenza e di verità fora'), in paurosa evidenza immediata, ancora una volta trasportandosi dal poeta ('tu pur morrai ... tu se' morto ...') alla donna ... e culminando in quell'invocazione alla Morte ('dolcissima Morte, vieni a me ...') che riporta il tema al narratore, e chiude circolarmente il disegno dell'episodio" (*Vita Nuova* di Dante Alighieri, con prefazione di E. Sanguineti, Milano: Lerici, 1965, p. 38).

> che mi dicean pur: –Morra'ti, morra'ti–.
> Poi vidi cose dubitose molte,
> nel vano imaginare ov'io entrai;
> ed esser mi parea non so in qual loco,
> e veder donne andar per via disciolte,
> qual lagrimando e qual traendo guai,
> che di tristizia saettavan foco.
> Poi mi parve vedere a poco a poco
> turbar lo sole e apparir la stella,
> e pianger elli ed ella;
> cader li augelli volando per l'are,
> e la terra tremare;
> ed omo apparve scolorito e fioco,
> dicendomi: –Che fai? non sai novella?
> Morta è la donna tua, ch'era sí bella–. (vv. 29-56)

Il pensiero della sua donna che è assunto nella prosa come punto di partenza del riflettere di Dante, non è menzionato nella poesia ove è assunta come punto di partenza la riflessione sulla fragilità della propria vita. Mi sono inizialmente limitata alla citazione delle prime due stanze della seconda parte della canzone, perché esse si chiudono con quello che io considero il centro focale dell'immaginazione: "...–Che fai? non sai novella? / Morta è la donna tua, ch'era sí bella–." In queste due stanze v'è dapprima il profondarsi di Dante nel pensiero della fragilità della propria vita, e poi nella necessaria angosciosa certezza che la stessa fragilità coinvolge la vita della sua donna: "–Ben converrà che la mia donna mora–." Poi ha inizio lo smarrirsi di Dante in un'immaginazione delirante, che erra al di fuori della ragione e della verità: e in quest'immaginazione dei visi di donne "crucciati" insistentemente richiamano alla mente del poeta l'incombere necessario della morte. Poi la minaccia della morte da minaccia individuale si slarga in una visione apocalittica gravida di minaccia stavolta con tonalità cosmiche e non piú individuali: e ad essa segue l'annuncio della morte della donna. L'ordine e il movimento da un tema all'altro che riscontriamo in queste due stanze è quello stesso da me già rilevato nella prosa, e non vedo sostanziali differenze tra la prosa, ch'è necessariamente posteriore alla canzone, e la canzone. Le differenze nell'esprimere il clima spirituale che caratterizza la minaccia individuale di morte rivolta a Dante nell'immaginazione sono differenze secondo me non sostanziali: sia nella prosa quei "visi di donne scapigliate" e quei "visi diversi e orribili a vedere," che nella poesia quei "crucciati" visi di donne, hanno la stessa funzione espressiva ch'è quella di rappresentare una particolare accezione di morte, intesa come minaccia, come "Morte villana, di pietà nemica." E' la morte come angoscia, la morte come nemica della vita quella che incombe sull'animo di Dante in questa prima parte del suo farneticare: è questa l'immagine di morte che ci sembra poeticamente espressa nella canzone stessa in quei versi che son paralleli a quel passo della prosa ove la stessa immagine trova espressione. E come immagine poetica questa morte ha una sua funzione particolare nel contesto dell'immaginazione, qual'è espressa nei versi, ché essa trova rispondenza in un'altra immagine poetica, ch'è pure immagine di morte, ma di morte intesa in quel significato profondamente diverso qual'è quello raggiunto da Dante attraverso l'esperienza, sia pur immaginativa, della morte della sua donna.

Riferire poi come fa Shaw,[6] il "morra'ti" della terza stanza a Beatrice, che ne sarebbe il soggetto, significa oltre che forzare il significato piú ovvio dell'espressione in cui si ha una forma riflessiva del verbo morire non insolita nell'italiano antico, anche squilibrare quell'ordine nella successione di motivi poetici e quella sorta di oscillazione dal riferimento a sé stesso al riferimento alla donna amata, che, già da me rilevati nella prosa, trovano la loro espressione originaria nella seconda parte della canzone (vv. 29-84).

> Levava li occhi miei bagnati in pianti,
> e vedea, che parean pioggia di manna,
> li angeli che tornavan suso in cielo,

---

[6] Nel suo saggio "Morràti, morràti (vedi J.E. Shaw, *Essays on the Vita Nuova*, op. cit., pp. 129-142) Shaw presenta un'interpretazione sua personale del verso 42 della canzone "Donna pietosa." "Morràti" ha come soggetto Beatrice secondo Shaw, e l'interpretazione solita di "Morra'ti" avente Dante come soggetto è nata, sempre secondo lo stesso interprete, dalla prosa "Tu pur morrai." La differenza tra prosa e poesia è secondo Shaw intenzionalmente rivolta a distogliere l'attenzione del lettore dall'identificazione autobiografica di quei visi di donne "crucciati" ricolleganti si secondo lo stesso interprete a possibili gelosie di rivali femminili (vedi op. cit., pp. 136-39). Dante avrebbe deciso d'includere questa canzone nella sua opera, ma cercando con la sua prosa di sviare il lettore dal riferimento autobiografico presente in essa. Un riferimento siffatto a rivali di Beatrice non si armonizzerebbe col resto della *Vita Nuova* secondo Shaw, e Dante avrebbe, secondo lui, sapientemente posto in ombra attraverso la prosa il significato originario del "Morràti" della canzone.

> e una nuvoletta avean davanti,
> dopo la qual gridavan tutti: *Osanna*;
> e s'altro avesser detto, a voi dire'lo.
> Allor diceva Amor: −Piú nol ti celo;
> vieni a veder nostra donna che giace−.
> Lo immaginar fallace
> mi condusse a veder madonna morta;
> e quand'io l'avea scorta,
> vedea che donne la covrian d'un velo;
> ed avea seco umiltà verace,
> che parea che dicesse: −Io sono in pace−.
>   Io divenia nel dolor sí umile,
> veggendo in lei tanta umiltà formata,
> ch'io dicea: −Morte, assai dolce ti tegno;
> tu dei omai esser cosa gentile,
> poi che tu se' ne la mia donna stata,
> e dei aver pietate e non disdegno.
> Vedi che sí desideroso vegno
> d'esser de' tuoi, ch'io ti somiglio in fede.
> Vieni, ché 'l cor te chiede.−
> Poi mi partia, consumato ogne duolo;
> e quand'io era solo,
> dicea, guardando verso l'alto regno:
> −Beato, anima bella, chi te vede!−
> Voi mi chiamaste allor, vostra merzede. (vv. 57-84)

Il tono apocalittico della scena preannunciante la morte di Beatrice si dissolve e scompare, una volta che l'annuncio è dato: non piú minaccia di morte, ma il pianto che esprime il dolore che segue alla certezza della morte, e poi quella scena angelica in cui si esprime solo la glorificazione della donna, senza commistione di dolore o di pianto: "e s'altro avesser detto, a voi dire'lo."

Questo farneticare è secondo me da definirsi come *immaginazione*, usando il termine stesso di cui Dante si serve. Interpretarlo come visione significa andare al di là di ciò che l'autore ha voluto dire, e risponde al tentativo di far gravitare la lettura della *Vita Nuova* verso un'interpretazione che pone l'evento materiale della morte di Beatrice al centro dell'opera e vede come profetici di questo fatto i passi fondamentali della stessa.

Il tema della Morte è un tema che, come quello dell'Amore, ha un ruolo fondamentale nello svolgimento dell'opera: ed è un tema ch'è correlato della considerazione dantesca dell'Amore. Perché

Amore nella *Vita Nuova* ha un significato complesso che s'arricchisce e s'approfondisce nello svolgimento dell'opera: ed è quindi tema che offre lo spunto ad un complesso dialogo, che pur svolgendosi anche sotto la spinta di eventi esterni è essenzialmente dialogo del poeta con la sua anima. Amore e Morte s'intrecciano nella *Vita Nuova* dialettizzandosi in un processo ch'è inverso per i due: ché il movimento di Amore è da Amore fisico ad Amore spirituale, ed il movimento di Morte è da Morte spirituale a Morte fisica. Ed è proprio all'inizio della *Vita Nuova*, nella prima visione che il poeta ha, che assistiamo al dialettizzarsi di Amore e Morte, di Amore fisico e di Morte spirituale, e lí la Morte spirituale è correlato dell'Amore fisico, che nella consapevolezza del suo limite intrinseco, da intendersi come chiusura in sé stesso di fronte ad ulteriori svolgimenti, trova la spinta a superarsi e a volgersi verso forme piú elevate di vita spirituale. Ed è in questo svolgersi ed approfondirsi di Amore che troviamo di nuovo la Morte come correlato di Amore, ma stavolta la morte fisica come correlato dell'Amore spirituale. La considerazione della Morte nel capitolo XXIII non è qualcosa di subitaneo e non anticipato dai precedenti capitoli, ma è una riflessione che è spiritualmente anticipata da "Donne ch'avete intelletto d'amore" e materialmente preparata dall'evento della morte del padre di Beatrice e conseguentemente dalla prosa e dalla poesia di quel capitolo che a quest'evento si riferisce.

Che questa della prosa del capitolo XXIII e della canzone "Donna pietosa" sia un' "imaginazione," è confermato sia dal termine usato da Dante nel riferirsi ad essa sia dalle caratteristiche che la contrassegnano. Infatti essa non ha nulla dell'enigmaticità delle visioni che abbiamo già visto: è piuttosto un trapassare da un clima reale ad un clima fantastico in cui però elementi della realtà sono riassunti nel dar vita ad una sorta d'esperienza fantastico-esistenziale attraverso cui si approfondisce e in certo senso si completa e si esaurisce quella riflessione sulla morte che iniziatasi in piena coscienza diventa poi l'avvio a tale immaginazione. Abbiamo definito l'immaginazione del capitolo IX come "presa di coscienza in forma immaginativa" della vicenda di Amore in quel determinato momento; direi che tenendo presente la dovuta distanza tra i due tipi d'immaginazione, ché quello del capitolo XXIII è un farneticare, la stessa definizione potrebbe riferirsi all'attuale immaginare della canzone "Donna pietosa" e della prosa ad essa relativa.

Affermare la possibilità di definire *a posteriori* come *visione* tale immaginare, e precisamente una volta conosciuta attraverso i fatti la morte reale di Beatrice, significa pagare un tributo ad uno schema interpretativo qual'è quello adottato da Singleton nella sua interpretazione della *Vita Nuova*. Infatti la possibilità di chiamare *visione*, ciò che Dante chiama "imaginazione," deriva solo da un'arbitraria distinzione di livelli espressivi nell'ambito dell'opera studiata: il farneticare di Dante apparterrebbe infatti al cosiddetto Libro della Memoria, le cui parole sarebbero i fatti stessi e il cui autore sarebbe Dio. Nessuna possibilità d'intrusione da parte del poeta nel riferire quei fatti scritti da Dio stesso, illuminandoli alla luce d'un ripensamento consapevole che in quel farneticare avrebbe potuto scorgere, dal punto di vista di Singleton, la verità anticipatrice propria delle visioni.

Ed appunto in questo spazio creato dall'adozione d'uno schema interpretativo che distingue diversi livelli espressivi nell'opera da noi studiata, trova posto il punto di vista di questo critico secondo cui sarebbe possibile chiamare, 'a posteriori,' *visione* quella che Dante chiama "imaginazione." Ma come si può facilmente constatare il criterio adottato è un assunto dell'interprete, che non è basato né su ciò che letteralmente il testo ci dice né su un accurato esame del significato di *visione* e d'*immaginazione* nel contesto dell'opera. Ché dell' "imaginazione" e non della visione possiede le caratteristiche quella del capitolo XXIII: le visioni della *Vita Nuova* non sono poi mai visioni profetiche di determinati eventi materiali, ma sono piuttosto come i centri irradianti d'una superiore consapevolezza, che in quanto superiore ha in sé un carattere divinatorio.

E' chiaro poi che chiamare l' "imaginazione" del capitolo XXIII *visione* nel senso in cui Singleton la intende, di previsione dell'evento della morte di Beatrice, significa conferire all'evento temporale della morte della donna una centralità indispensabile solo in un'interpretazione che tenda a vedere l'intera opera subordinata a quest'evento.[7] L'immaginazione del capitolo XXIII non si può

---

[7] L'intera opera gravita secondo Singleton attorno alla morte di Beatrice, la cui centralità nell'opera è assicurata dallo stesso interprete attraverso l'interpretazione dell'immaginazione del capitolo XXIII come visione o piuttosto previsione della morte della donna (vedi cap. I, "The Death of Beatrice," *Essay on the Vita Nuova*, op. cit., pp. 6-24). Secondo quest'interpretazione le visioni della *Vita*

secondo me interpretare che come anticipazione esistenziale d'un' esperienza: ché tale è letteralmente interpretata. Anticipazione di un'esperienza fondamentale nella vita d'ogni essere umano, il cui approfondimento è naturale correlato di quell'itinerario spirituale su cui sotto la guida d'Amore Dante s'è posto. Ed è in tale anticipazione esistenziale, pur nella forma di "vano imaginare," che assistiamo al trapasso da una concezione angosciosa della Morte ad una concezione di Morte ch'è accettata come fatto umano e spiritualizzata.

L'anticipazione di tale esperienza ha luogo attraverso quella della morte della donna amata ed è il vivere questa morte che

---

Nuova sarebbero complessivamente quattro, ma lo stesso Singleton avverte che sarebbe piú significativo considerarle "as three visions plus one" (op. cit., p 15), tanto piú che il numero nove accompagna solo le prime tre visioni.

In conformità a questa centralità assegnata all'evento della morte di Beatrice, le prime tre visioni (ricordando che la terza visione è per quest'interprete l'immaginazione del capitolo XXIII) sono interpretate come previsioni di quest' evento.

L'interpretazione della prima visione come preannunciante la morte della donna è, si può dire, interpretazione comunemente accettata da tutti gli interpreti. Della seconda visione v'è piú di un'interpretazione, ma le due piú comuni sono: quella che si basa sull'identificazione dell'immagine del cerchio come simbolo di perfezione, e quella, che è poi fatta propria dal Singleton, e che il Barbi già offriva nel 1931 in un suo breve articolo di recensione all'opera di J.E. Shaw, *Essays on the Vita Nuova*. La quale interpretazione si basa su ciò che si dice "del centro rispetto alla circonferenza, a proposito di Dio a cui tutti i tempi sono presenti, nella *Summa contra Gentiles*, I, LXVI: .Vuoi sapere perché piango? Io vedo il futuro (e quindi i mali tuoi) e tu no! Sarebbe dopo la visione del & III e prima della visione del & XXIII un altro accenno alla precoce fine di Beatrice" (Michele Barbi, recensione di J.E. Shaw, *Essays on the Vita Nuova*, Studi danteschi, 15 [1931], 114). Quest'interpretazione ch'è stata poi ripresa da diversi altri interpreti, è l'interpretazione che il Singleton dà della seconda visione della *Vita Nuova*.

Se si aggiunge a queste prime due visioni quella che questo studioso presenta come la terza visione, si ha un'immagine dell'opera che gravita tutta attorno a queste visioni della morte della donna amata, la cui centralità è pregnante di significato secondo il Singleton in quanto egli vede adombrata in Beatrice per via analogica l'idea del Cristo (op. cit., pp. 22-23).

L'intera interpretazione del Singleton gravita secondo me intorno ad una prospettiva escatologica che si sovrappone all'opera soffocandola in ciò che in essa è di piú personale.

Affermare ciò non significa negare alla *Vita Nuova* una prospettiva escatologica, ch'è indubbiamente prospettiva dantesca, ma rifiutarsi ad una costruzione escatologica che s'impone dall'esterno sulla base dei presupposti culturali d'un' epoca, e che si erige a criterio sistematico d'interpretazione, che la sua sistematicità ed interna coerenza deriva proprio dall'essere costruzione sovrapponentesi dall'esterno.

rappresenta il punto di sutura tra le due opposte concezioni. Come tale l'annuncio della morte di Beatrice e l'esser posti di fronte alla realtà fisica di questa morte, rappresentano il tramite per il superamento dell'angoscia di fronte ad essa morte, cui è ora dato un volto:

> Lo imaginar fallace
> mi condusse a veder madonna morta;
> e quand'io l'avea scorta,
> vedea che donne la covrian d'un velo;
> ed avea seco umiltà verace,
> che parea che dicesse: –Io sono in pace–.
> Io divenia nel dolor sí umile,
> veggendo in lei tanta umiltà formata,
> ch'io dicea: –Morte, assai dolce ti tegno;
> tu dei omai esser cosa gentile,
> poi che tu se' ne la mia donna stata,
> e dei aver pietate e non disdegno.
> Vedi che sí desideroso vegno
> d'esser de' tuoi, ch'io ti somiglio in fede.
> Vieni, ché 'l cor te chiede.–

CAPITOLO VIII

"... CHÉ AMORE NON È PER SÉ SÍ COME SUSTANZIA, MA È UNO ACCIDENTE IN SUSTANZIA."

Dal punto di vista della struttura esterna dell'opera è chiara la posizione centrale della canzone "Donna pietosa" se considerata nel contesto dei componimenti poetici che son parte della *Vita Nuova*. Ma se si considera la canzone dal punto di vista dello svolgimento intrinseco dell'opera e quindi dell'itinerario spirituale percorso da Dante, si deve riconoscere in essa la fase culminante di quest'itinerario. E' infatti attraverso la riflessione sulla morte fisica che l'Amore di Dante nella *Vita Nuova* ha esaurito le fasi del suo itinerario.

L'immagine di Beatrice sia nella prosa che nella poesia del capitolo XXIV è una delle immagini piú audacemente idealizzate dell'opera: Dante trascinato dalla tendenza a rendere quanto piú possibile pregnanti di significato i nomi di cui si serve, è portato a proiettare un significato altamente ideale nel succedersi delle due donne, Primavera, o piuttosto Giovanna, e Beatrice in quella scena del capitolo XXIV, ch'è ad un tempo spiraglio su uno stralcio di realtà poeticamente espressa e mirabile esempio di essenzializzazione in liguaggio poetico di immagini e termini che quella realtà riflettono.[1] Giovanna-Primavera precede nel suo incedere Beatrice,

---

[1] Diversi critici vedono proiettato in questa scena il rapporto tra la poesia dantesca e la poesia del Cavalcanti. Se v'è un'allusione a questo rapporto è secondo me la piú indiretta tra quelle presenti in questo passo della *Vita Nuova*.

ed ecco che quell'Amore, che domina questa scena e che come apparizione s'è imposto all'inizio di essa, parla attraverso il cuore di Dante e interpreta nel suo linguaggio quella realtà che si dispiega sotto gli occhi del poeta. La donna che appare dapprima è Giovanna, e solo ora il suo secondo nome Primavera e il suo stesso nome si riempiono di significato in quest'assunzione di essi da parte di Dante a termini espressivi del suo linguaggio poetico. Come i termini "cielo" ed "inferno" si animavano d'una loro interiore pregnanza in "Donne ch'avete intelletto d'amore" divenendo parte del linguaggio poetico dantesco in quella canzone, cosí in questa rappresentazione di Giovanna e di Beatrice, rappresentazione che prende le mosse dalla realtà, i termini usati sono come potenziati nel loro significato originario e sotto la suggestione di memorie bibliche, non infrequenti nel linguaggio dantesco, si rischiarano alla luce d'una prospettiva ideale di cui la sensibilità religiosa medievale di Dante risentiva profondamente il fascino. Ma pur sotto questa potente suggestione v'è nell'autore una vigilante consapevolezza dei limiti entro cui contenere il dilatarsi della sua immaginazione poetica. Riferendosi ad Amore che gli parla nel cuore, Dante aggiunge:

> Ed anche mi parve che mi dicesse dopo queste parole: "E chi volesse sottilmente considerare, quella Beatrice chiamerebbe Amore per molta simiglianza che ha meco." (V.N., cap. XXIV, p. 87)

Cesareo scrive a proposito del rapporto Beatrice-Vanna in questo capitolo XXIV: "... ella [Beatrice] apparisce preceduta dalla Giovanna del Cavalcanti, come l'amor mistico di Dante era stato preceduto dall'amore intellettuale di Guido ... " (op. cit., p. 170).

Questo sembra essere il punto di vista del Figurelli, che non fa altro che condividere piú o meno velatamente l'opinione dello Zingarelli (vedi F. Figurelli, "Costituzione e caratteri della *Vita Nuova* di Dante," *Belfagor*, 3 [1948], 666-83). Anche il Biondolillo vede in Monna Vanna il simbolo della poesia del Cavalcanti (*Poetica e poesia di Dante*, op. cit., p. 24). Cosí il Russo che ritiene che l'onomastica qui serva "a personificare in gentili figurazioni due diverse direzioni stilistiche" (*La Vita Nuova*, commento di L. Russo, Messina: ed. D'Anna, 1956, p. 79).

Il Sanguineti vede proiettata nella prosa e nella poesia del capitolo XXIV "la relazione lirica e ideologica che lega Dante con Guido," ed osserva:

> ... facile deduzione è quella che nel testo si pone come insinuazione discreta, e che matematicamente esige che tra Beatrice e Dante corra una relazione pari a quella che congiunge Giovanna al suo poeta, e che infine Guido stia a Dante, per dirla molto crudamente, come 'monna Vanna' a 'monna Bice.'" (op. cit., p. 40)

Quando già il richiamo a Giovanni, precursore della "verace luce," sembrava additare in Cristo l'immagine parallela a quella di Beatrice, le parole di Amore ci sviano da quel parallelo per specificare "sottilmente" qual'è il limite entro cui l'interpretazione dell'immagine evocata dal poeta deve essere contenuta. Beatrice potrebbe esser chiamata Amore per la molta somiglianza che ha con esso. Ma una volta che viene affermata la somiglianza di Beatrice con Amore sorge la necessità di chiarire un equivoco possibile nell'interpretazione dell'opera:

> Potrebbe qui dubitare persona degna da dichiararle onne dubitazione, e dubitar potrebbe di ciò, che io dico d'Amore come se fosse una cosa per sé, e non solamente sustanzia intelligente, ma sí come fosse sustanzia corporale: la quale cosa, secondo la veritate, è falsa; ché Amore non è per sé si come sustanzia, ma è uno accidente in sustanzia." (V.N., cap. XXV, pp. 89-90)

L'Amore della *Vita Nuova* è per Dante una figura retorica: espedienti retorici di tal fatta son concessi in poesia, naturalmente "non sanza ragione alcuna, ma con ragione la quale poi sia possibile d'aprire per prosa" (V.N., cap. XXV, p. 92). E naturalmente la somiglianza di Beatrice non è somiglianza con una figura retorica, ma è somiglianza con quell'essenza di Amore che Dante è venuto proiettando in essa e per cui tale figura ha preso corpo come realtà poetica. La meditazione di Amore sul significato del nome Giovanna era meditazione quanto mai audace, che sembrava preludere ad un parallelismo tra Beatrice e Cristo, ma lo stesso sviare da parte di Amore da un siffatto parallelismo additando in sé stesso il termine di paragone per Beatrice, preludeva alla riflessione di Dante sul significato di tale personaggio. La chiarificazione di Dante ha valore non solo in rapporto al capitolo XXIV, ma come già avvertito in precedenza, è una messa a punto che ha valore retrospettivamente in rapporto ad una precisazione dei limiti entro cui si dovrebbe mantenere un'interpretazione di Amore.

E' con la riflessione sulla morte fisica che Amore, l'Amore di Dante, esaurisce le fasi del suo itinerario: il capitolo XXIV è l'ultimo capitolo in cui Amore appare ed è nel XXV che viene chiarita la sua natura: "... ché Amore non è per sé sí come sustanzia, ma è uno accidente in sustanzia." E come tale siamo portati ad interpretarlo volgendo retrospettivamente lo sguardo ai diversi modi in cui Amore si configura nel corso della *Vita Nuova*. Infatti l'immagine che emerge dall'interpretazione che si è data dei diversi passi in cui esso appare, non è immagine univoca, ma è immagine che si moltiplica in rispondenza ai diversi contesti in cui essa appare e in ciascuno è tanto piú definita quanto piú significante è l'aspetto di Amore ch'essa è volta ad esprimere. E dicendo *definita* qui ci riferiamo non ad una definitezza di contorni esterni, ma ad una definitezza di significati: definita e pregnante nel suo significato è la raffigurazione di Amore nella prima visione, nonostante l'indefinitezza iniziale di contorni esterni; cosí definita e profonda nel suo significato è la figura di Amore nella seconda visione.

Seguire la figura di Amore nella sua fenomenologia significa ripercorrere un cammino già percorso, tentando di dare consistenza ad una figura che non è altro, come dice Dante, che "uno accidente in sustanzia." E la novità della figura di Amore nella *Vita Nuova* è che essa di tradizionale serba solo il nome, perché nell'ambito di figure retoriche d'una lunga tradizione che lo stesso autore riporta ai classici, sarebbe difficile trovarne una cosí complessa nella sua fenomenologia. Né ci sembra lecito chiamarlo *dio* neppure in senso retorico, perché se questo termine appare in riferimento ad Amore, è solo nel secondo capitolo, e vi appare prima ancora di qualsiasi raffigurazione retorica di Amore come "uno accidente in sustanzia:" "Ecce deus fortior me, qui veniens dominabitur michi," ove "deus" nel contesto in cui s'inserisce la frase, reca piuttosto i connotati del *demone*. E piú tardi Dante eviterà attentamente di nominarlo piú come dio anche in frasi di chiara risonanza biblica quale l' "Ego dominus tuus" della prima visione, in cui il termine *deus* è volontariamente omesso. C'è nella *Vita Nuova* una cura particolare volta ad evitare che si consideri Amore come un dio sia pure nel senso retorico specificato dal poeta nel capitolo XXV, e tale cura ha secondo me le sue radici in una profonda consapevolezza da parte dell'autore del valore e del ruolo di tale figura nei diversi contesti in cui essa appare. Ché essa nel ruolo divinatorio che ha nelle visioni, diventa trascendenza, benché sia trascendenza da definirsi nei termini d'una trascendentalità pedagogica che tende a tradursi in immanenza. Ma in Dante è sempre viva l'attenzione rivolta ad evitare deviazioni verso identificazioni o stretti parallelismi con entità dottrinali, perché infatti la *Vita Nuova* è opera "fervida e passionata" (*Convivio*, I, i, 16) e sua materia è l'esperienza stessa dell'autore, e come tale è storia d'una vicenda personale anche se altamente significativa nel suo carattere individuale.

Il capitolo XXIV è l'ultimo in cui appare Amore come figura retorica: sulla consistenza di tale figura Dante si sofferma nel capitolo XXV, e una volta che siamo confermati in quest'accezione di Amore come "uno accidente in sustanzia," penso che sia inutile arzigogolare sulla ragione della scomparsa di tale personaggio. Dante ha proiettato Amore in una figura esterna a sé stesso finché ha sentito amore nei suoi vari aspetti e nei diversi momenti del suo svolgersi come una sorta d'itinerario, itinerario di un'esperienza fondamentale.

L'Amore personaggio è l'Amore delle visioni e delle apparizioni, da considerarsi le une come centri irradianti della superiore consapevolezza dell'autore nella ristrutturazione, nel contesto di un'opera, del materiale poetico ad essa relativo, e le altre come presa di coscienza in forma immaginativa delle varie vicende cui Amore soggiace. In quanto tali, visioni ed apparizioni non sono che prospettive su un itinerario, le une lungimiranti e in un certo senso divinatorie, le altre semplici momenti di lucida consapevolezza, sia pure in forma immaginativa, d'una fase raggiunta. Amore vive come personaggio che trae la sua unità dall'unità di un'esperienza, finché c'è un itinerario da percorrere. Ma una volta che questo itinerario s'è conchiuso nel contesto di un'esperienza, che in quanto esperienza razionale ed esistenziale aveva una sua necessità e definiti contorni, Amore che è veramente nient'altro che "uno accidente in sustanzia," scompare. Non scompare perché è in qualche modo rinnegato dall'autore in quanto espressione d'una forma d'amore che va superata,[2] ma scompare solo perché la sua funzione espressiva è esaurita: non v'è piú necessità di tale

---

[2] Questo è invece il punto di vista del Singleton:

> The disappearance of the God of Love from the *Vita Nuova* is nothing less than a deliberate removal. That removal, however, is all in the way of recantation of troubadour love which the *Vita Nuova* makes. The God of Love is, indeed, the veriest sign and symbol of such love. But if this is recantation, it is very unlike the traditional kind, because even if the God is abolished, love of woman is not abandoned. Beatrice remains. (*An Essay on the Vita Nuova*, op. cit., p. 74)

figura retorica come intermediaria, potremmo dire, tra il poeta e sé stesso.

La sua scomparsa non è nemmeno improvvisa se ben si riflette, perché lentamente abbiamo assistito ad un avvicinarsi e ad un identificarsi di Amore e del cuore di Dante. Nella prosa del capitolo XXIII non è Amore che parla a Dante, ma è "lo cuore, ove era tanto amore," che gli dice: "Vero è che morta giace la nostra donna," mentre nella prosa del capitolo XXIV da Amore che parla nel cuore di Dante passiamo al cuore che parla con la lingua di Amore: "E poco dopo queste parole, che lo cuore mi disse con la lingua d'Amore, io vidi venire verso me una gentile donna ..." Letizia caratterizza Amore nell'ultima apparizione del capitolo XXIV, e in riferimento a quella stessa apparizione Dante dice che gli pareva di avere "lo cuore sí lieto" da non sembrargli il suo: originariamente gli stessi motivi avevano trovato espressione nel sonetto "Io mi senti' svegliar dentro a lo core," in cui il poeta si riferiva solo ad Amore senza tentar di accostare l'immagine d'Amore a quella del cuore:

> ... e poi vidi venir da lungi Amore
> allegro sí, che appena il conoscia, ...
> (V.N., cap. XXIV, son. XIV).

E la stessa differenza relativamente al maggior risalto dato alla figura di Amore nell'originaria espressione poetica in contrasto con la tendenza manifestantesi nella prosa ad accostare ed identificare Amore e cuore, si può rilevare in rapporto al capitolo XXIII; ché mentre nella canzone è Amore che dischiude al poeta l'immagine del corpo della donna che giace, nel corrispondente passo della prosa è "lo cuore, ove era tanto amore" che gli dice: "Vero è che morta giace la nostra donna." Ed è proprio a proposito di questo passo che desidero rilevare non solo la significatività della differenza tra poesia e prosa agli occhi dell'interprete, ma anche il reciproco integrarsi di entrambe nel proprio significato.

Lo spirito di "recantation" di cui parla il Singleton, ha le sue radici in quella tendenza a ritrattare le finalità umane dell'amore celebrato, la quale tendenza in Dante, sempre secondo il suddetto critico, deriva in particolare dall'*Arte di amare* di Andreas Capellanus.

La differenza tra poesia e prosa indica innanzitutto una differenza di prospettive che dipende dai diversi momenti in cui le stesse vicende sono considerate e nella poesia e nella prosa, e inoltre la funzione fondamentalmente diversa che la prosa ha di contro alla poesia nel contesto dell'opera, ché la prosa è quella che offre il tessuto connettivo della stessa ed è quella che intenzionalmente e sostanzialmente attraverso l'ordinamento assegnato nel corso dell'opera ai diversi componimenti poetici, questi stessi componimenti rende significativi al di là del loro significato originario. Ma proprio in quanto struttura in cui la poesia stessa s'inquadra, la prosa non può esser considerata come distorsione degli originari significati della poesia, poiché questi significati essa riassume in sé e rielabora in un processo legittimo di ristrutturazione d'un materiale poetico che avendo già ricevuto nel passato la sua forma espressiva, diventa a sua volta termine espressivo d'un contesto piú vasto che in sé stesso lo ricomprende.

Nella canzone "Donna pietosa" è Amore che dice: "...–Piú nol ti celo; / vieni a veder nostra donna che giace–," nella prosa è il cuore che dice a Dante: "Vero è che morta giace la nostra donna." Che significa il "Piú nol ti celo ..." della canzone? Vien forse svelato un *mistero*? Il mistero dell'evento della morte prossima della donna? Io non penso che il mistero svelato sia un mistero di tal fatta. Se abbiamo presente il significato della figura di Amore e se consideriamo la prosa, ci rendiamo conto del carattere particolare della verità che vien qui rivelata a Dante, la quale non è relativa ad un fatto esterno, ma è verità che il cuore stesso può dischiudere al poeta, contemplazione senza veli della necessità della morte fisica: Amore che nei versi dice "Piú nol ti celo...," non sta rivelando una verità ch'è stata già annunciata e cioè quella della morte della donna ("...–Che fai? Non sai novella? / Morta è la donna tua, ch'era sí bella–..."), ma sta avvicinando Dante alla contemplazione della stessa. L'Amore delle visioni e delle apparizioni della *Vita Nuova* non è infatti un divinatore di eventi materiali, ma è piuttosto una sorta di guida, trascendentale nelle visioni e quasi identificantesi col cuore del poeta nelle apparizioni, in cui si concretizza come autocoscienza immaginativa. In questo particolare passo che ho appena considerato, poesia e prosa contrastano e s'integrano, perché mentre la poesia sottolinea la funzione pedagogica d'Amore, la prosa ravvicinando Amore al cuore del poeta, rivela il carattere personalissimo di un'esperienza che solo in base ad un'estrinseca interpretazione della fantasia poetica in cui s'è proiettata, può essere considerata come quella della profezia, aperta e dichiarata questa volta, della morte della donna amata.

Ed è proprio con quel "...–Piú nol ti celo..." che Amore ha dischiuso al poeta quella verità, col cui apprendimento la funzione di Amore s'è conchiusa. Nel capitolo XXIV Amore che sopravvive ancora nella poesia del sonetto, raggiunge la sua compiuta identificazione nella prosa col cuore di Dante. La vicenda dell'Amore-personaggio è terminata, non cosí la vicenda dell'amore di Dante. Se Dante è giunto a penetrare piú profondamente il significato di Amore e s'è elevato ad un'accezione piú alta di esso, ciò non significa che la vicenda dell'amore di Dante sia conchiusa. Nel capitolo XXVI vien ripreso "lo stilo de la ... loda" e l'idealizzazione di Beatrice si definisce sempre piú nella presentazione della donna come creatura di cielo:

> Diceano molti, poi che passata era: "Questa non è femmina, anzi è uno de li bellissimi angeli del cielo." E altri diceano: "Questa è una maraviglia; che benedetto sia lo Segnore, che sí mirabilmente sae adoperare!" (V.N., cap. XXVI, p. 95)

Entrambi i sonetti compresi in questo capitolo rappresentano poeticamente gli effetti gratificanti e purificanti che si fan sentire in coloro che la contemplano e che a lei si accompagnano. Alla descrizione degli effetti mirabili prodotti dalla donna segue nel capitolo XXVII la considerazione dello stato d'animo del poeta, che trova espressione poetica incompiuta nella stanza iniziale d'una canzone: "Sí lungiamente m'ha tenuto Amore," nella quale la dolcezza con cui amore occupa ora il cuore del poeta si fa sentire come riflesso di quella letizia che contrassegnava l'immagine ultima di Amore. L'incompiutezza di questa canzone è significativa essa stessa, e tra essa e l'inizio del capitolo successivo v'è un vuoto che non è colmato, ché della morte di Beatrice ch'è la causa per tale incompiutezza, non si parla se non per annunciarla, dopo che la desolazione causata dalla sua morte è stata anticipata attraverso le parole di Geremia: *"Quomodo sedet sola civitas plena populo! facta est quasi vidua domina gentium"* (V.N., cap. XXVIII, p. 101).

CAPITOLO IX

"QUOMODO SEDET SOLA CIVITAS PLENA POPULO!
FACTA EST QUASI VIDUA DOMINA GENTIUM"

> Io era nel proponimento ancora di questa canzone, e compiuta n'avea questa soprascritta stanzia, quando lo segnore de la giustizia chiamoe questa gentilissima a gloriare sotto la insegna di quella regina benedetta virgo Maria, lo cui nome fue in grandissima reverenzia ne le parole di questa Beatrice beata. (V.N., cap. XXVIII, pp. 101-02)

Beatrice è ritornata al cielo e l'evento della sua morte è presentato in linguaggio conforme allo spirito della rappresentazione che di essa ci era data in "Donne ch'avete intelletto d'amore."

"Lo cielo, che non have altro difetto / che d'aver lei ...:" come creatura che appartiene al cielo e di cui il cielo sente la mancanza, così è rappresentata Beatrice in questa canzone, e il suo permanere in terra è qui presentato come qualcosa di temporaneo. Ed è in conformità alla volontà del suo creatore che la donna si attarda in quella che non è la sua dimora. Così la chiamata del "segnore de la giustizia" in questo capitolo XXVIII appare come qualcosa di non inatteso: qualcosa ch'era corollario della rappresentazione che di essa veniva data in quella canzone.[1] Si parla quindi della morte

---

[1] Il Singleton osserva che quando Beatrice muore, "her death is hardly spoken of as a death at all ...," e più tardi aggiunge: "Somehow, when Beatrice really dies, her death seems less like a death than it does an ascension" (*An Essay on the Vita Nuova*, op. cit., p. 19).

di Beatrice come chiamata dal cielo in rispondenza allo spirito di "Donne ch'avete intelletto d'amore," in cui di morte fisica non si parlava: e ancora qui in questo capitolo XXVIII di fronte all'evento della morte della donna amata, non si parla di essa morte, e non se ne parla per tre ragioni:

> ... la prima è che ciò non è del presente proposito, se volemo guardare nel proemio che precede questo libello; la seconda si è che, posto che fosse del presente proposito, ancora non sarebbe sufficiente la mia lingua a trattare come si converrebbe di ciò; la terza si è che, posto che fosse l'uno e l'altro, non è convenevole a me trattare di ciò, per quello che, trattando, converrebbe essere me laudatore di me medesimo, la quale cosa è al postutto biasimevole a chi lo fae; e però lascio cotale trattato ad altro chiosatore. (V.N., cap. XXVIII, pp. 102-03)

Dato che Dante ci offre le ragioni per non aver parlato della morte di Beatrice, ciò che l'interprete innanzitutto deve considerare sono proprio queste ragioni. La prima sembrerebbe la piú importante, e per la posizione materiale che ha nell'esposizione delle ragioni, e per il fatto che essa appare come presupposto delle altre.

"... la prima è che ciò non è del presente proposito, se volemo guardare nel proemio che precede questo libello ...": non rientra nel proposito iniziale che ha ispirato l'autore nella composizione della *Vita Nuova* trattare di quest'evento. Siamo ricondotti a quelle righe iniziali dell'opera che l'autore chiama "proemio" e in cui esprime il criterio che lo guiderà nel trascegliere i fatti impressi nel libro della memoria sotto la rubrica "*Incipit vita nova:*" "Sotto la quale rubrica io trovo scritte le parole le quali è mio intendimento d'assemplare in questo libello; e se non tutte, almeno la loro sentenzia." Ciò che sarà argomento dell'opera saranno fatti, ma non necessariamente ogni fatto: e se dei fatti saranno tralasciati, perlomeno il loro significato sarà presente in essa. E' chiaro da ciò che se dei fatti non diverranno argomento di trattazione diretta, sarà perché solo il loro significato sarà dall'autore considerato essenziale allo svolgimento dell'opera. Se ritorniamo al periodo finale che chiude il secondo capitolo della *Vita Nuova*, il significato del "proemio" vien meglio definito; Dante dopo aver indugiato nel descrivere i primi effetti di Amore nel suo animo, interrompe la sua trattazione:

> E però che soprastare a le passioni e atti di tanta gioventudine pare alcuno parlare fabuloso, mi partirò da esse; e trapassando molte cose le quali si potrebbero trarre de l'essemplo onde nascono queste, verrò a quelle parole le quali sono scritte ne la mia memoria sotto maggiori paragrafi. (V.N., cap. II, p. 8)

Il "parlare fabuloso" cui Dante si riferisce, non è certo qui un discorso concernente fatti irreali, ma è piuttosto un tipo di discorso inessenziale, quale si definisce in contrasto alle righe finali del periodo suddetto: molti fatti, pur appartenenti allo stesso libro della memoria, son tralasciati, quelli riferiti dall'autore saranno quelli che nello stesso libro della memoria son scritti "sotto maggiori paragrafi." La qualifica d'esser scritti "sotto maggiori paragrafi" è qualifica di significatività in rapporto alla storia ch'è oggetto di narrazione.

Se vogliamo integrare queste considerazioni con quelle del capitolo XXV sulla significatività di figure ed espedienti retorici, ciò che emerge è una preoccupazione fondamentale di significatività ed essenzialità di discorso. Non ogni fatto concernente la storia narrata, sarà riferito nell'opera, ma di quelli non riferiti perlomeno il significato sarà presente, in base ad un criterio per cui sarà considerato "parlare fabuloso" il soffermarsi su fatti reali di significatività non rilevante nel contesto, mentre sarà considerato legittimo servirsi di figure e di espedienti retorici nella misura in cui essi adempiono alla funzione di esprimere un significato:

> ... però che grande vergogna sarebbe a colui che rimasse cose sotto vesta di figura o di colore rettorico, e poscia, domandato, non sapesse denudare le sue parole da cotale vesta, in guisa che avessero verace intendimento. (V.N., cap. XXV, p. 94)

Il proemio cui l'autore s'è riferito adducendo la prima ragione per non parlare dell'evento della morte della sua donna, è riflessione iniziale relativa a quel criterio di scelta che lo guiderà nella composizione della *Vita Nuova*, criterio di scelta, che una volta intesa la natura dell'opera, si rivela d'importanza fondamentale e significante esso stesso in rapporto ad una comprensione della stessa. La *Vita Nuova* è infatti frutto essa stessa d'una selezione d'un materiale poetico anteriore alla stesura dell'opera in prosa, e nell'opera in prosa elementi significanti dell'espressione poetica sono a loro volta riassunti quali termini espressivi d'una storia.

Questo criterio di scelta adottato dall'autore nel proemio, è significante esso stesso, perché l'appellarsi ad esso nell' escludere la trattazione d'un determinato argomento, significa qualificare l'argomento come *inessenziale*. C'è naturalmente da domandarsi in che senso un evento qual'è quello della morte di Beatrice possa essere considerato inessenziale in una storia, che nella maggior parte dei casi è stata interpretata come incentrantesi su quest'evento. Si deve tener presente che Dante adducendo la prima ragione, si rifà espressamente al proemio dell'opera, là dove l'esclusione di eventi in base ad un criterio di significatività quale quello da me evidenziato, si appunta all'inessenzialità dell'evento materiale garantendo di contro ad essa l'essenzialità del significato che troverà tuttavia espressione. La morte di Beatrice è inessenziale come evento materiale, in una storia che, se da eventi materiali è circondata, è tuttavia storia fatta di esperienze che segnano come le tappe d'un processo di svolgimento precipuamente interiore e personale. Il significato di quest'evento è stato già ampiamente trattato: da un punto di vista altamente spirituale, come correlato d'un avanzamento nella concezione d'Amore nella canzone "Donne ch'avete intelletto d'amore;" da un punto di vista riflessivo ed esistenziale nel capitolo XXIII della *Vita Nuova*.

La prima ragione addotta da Dante per spiegare la mancata considerazione dell'evento della morte di Beatrice, mette in evidenza la non-centralità nel contesto dell'opera di tale evento, laddove se di centralità si deve parlare rilevando la posizione che "Donna pietosa" ha nel contesto della disposizione data agli altri componimenti poetici, è centralità del significato della morte espresso sotto forma di meditazione riflessivo-esistenziale sulla propria sorte e su quella della donna amata.[2]

Le ragioni che l'autore successivamente adduce nel capito-

---

[2] Desidero citare l'interpretazione che Shaw dà nel suo saggio "Non è del presente proposito" alla prima ragione addotta da Dante: desidero riferirmi a quest'interpretazione, non perché la condivida, ma per l'originalità che Shaw di solito dimostra nell'interpretare i passi più discussi della *Vita Nuova* (si veda l'interpretazione data all' "Ego tanquam...").

lo XXVIII presuppongono, come s'è già visto, questa prima da me considerata:

> ... la seconda si è che, posto che fosse del presente proposito, ancora non sarebbe sufficiente la mia lingua a trattare come si converrebbe di ciò; ...

Quindi anche ammesso che trattare di quest'evento fosse conforme al proposito iniziale dell'opera, tuttavia le possibilità espressive di Dante sarebbero inferiori e cioè inadeguate all'argomento da trattare.

> ... la terza si è che, posto che fosse l'uno e l'altro, non è convenevole a me trattare di ciò, per quello che, trattando, converrebbe essere me laudatore di me medesimo, la quale cosa è al postutto biasimevole a chi lo fae; e però lascio cotale trattato ad altro chiosatore.

Dipendente dalle prime due è la terza ragione: infatti una volta ammesso che fosse conforme all'intento iniziale dell'opera trattare di siffatto evento, e ammesso che le possibilità espressive dell'autore non fossero inadeguate ad esso, tuttavia accingervisi sarebbe come voler mostrare di essere ad un livello, quello richiesto dal soggetto trattato, talmente elevato che il solo riconoscerlo come proprio livello, significherebbe "essere... laudatore" di sé medesimo.

C'è però qualcosa che l'autore desidera rilevare in rapporto a quest'evento:

Quest'interprete ritiene che il riferimento al "presente proposito" che troviamo nella prima ragione, implichi un riferimento ad una sezione limitata del proemio, e cioè alle "parole le quali è mio intendimento d'assemplare in questo libello," e lascia da parte il "e se non tutte, almeno la loro sentenzia." La sua conclusione è:"

> "I conclude therefore that the first reason given by Dante, in chapter XXVIII (XXIX), for not presenting the usual poem and commentary ... means that he had no memory of the circumstances of the death of Beatrice, and that, owing to the suddenness and shocking character of the event, he had no memory of his own feelings on becoming aware of it." (op. cit., p. 151)

In base ad una presunta assenza di memorie relative a questa morte, in presenza di cui i poteri stessi della memoria sarebbero venuti meno, si spiega secondo Shaw anche la seconda ragione addotta da Dante.

> Tuttavia, però che molte volte lo numero del nove ha preso luogo tra le parole dinanzi, onde pare che sia non sanza ragione, e ne la sua partita cotale numero pare che avesse molto luogo, convenesi di dire quindi alcuna cosa, acciò che pare al proposito convenirsi. Onde prima dicerò come ebbe luogo ne la sua partita, e poi n'assegnerò alcuna ragione per che questo numero fue a lei cotanto amico. (V.N., cap. XXVIII, pp. 103-04)

Il ruolo che il nove ha avuto in rapporto all'evento della morte di Beatrice è posto in evidenza nel capitolo XXIX, ch'è dedicato in particolare a tale argomento. La prima parte del capitolo è volta a rilevare più o meno indirettamente la presenza del numero nella data della morte della donna: successivamente è offerta la prima ragione, e la più ovvia, "Perché questo numero fosse in tanto amico di lei," e cioè che secondo la dottrina tolemaica che non contrasta con l'insegnamento della chiesa, l'influsso dei pianeti si fa sempre sentire sulla terra secondo la loro congiunzione, congiunzione ch'era favorevolissima quando Beatrice fu generata. Naturalmente questa è una spiegazione del significato del nove in rapporto agli eventi legati alla vita della donna amata, ma non è la spiegazione che Dante preferisce. Il nove ha un significato molto più pregnante agli occhi di Dante, perché altrimenti non si sarebbe soffermato ogni qualvolta era possibile, a rilevare l'incidenza di questo numero in rapporto ai diversi fatti narrati. Ed anche qui, quando dedica un intero capitolo a spiegare i motivi per cui non tratterà direttamente della morte di Beatrice, fa un'eccezione per ciò che riguarda il ricorrere di tale numero in rapporto a quest'evento: e questo è l'unico particolare relativo alla morte di Beatrice, su cui Dante si soffermi.

Il sottolineare il significato di tale numero, che naturalmente non poteva passare inosservato, data la costanza del suo ricorrere, risponde alla profonda consapevolezza dell'autore riguardo all'uso di determinati elementi espressivi. Il nove è stato rilevato via via come particolare deducibile da dati di fatto: come numero è rilevato in rapporto all'ora in cui determinati eventi han luogo, in rapporto all'età ed infine in rapporto alla data di eventi significativi come quello della morte di Beatrice. E' cioè un dato di fatto esso stesso, anche se a volte forzatamente posto in evidenza; si tratta quindi di un elemento espressivo di natura diversa da quello rappresentato dalla figura di Amore, su cui pure l'autore s'era soffermato nel capitolo XXV per chiarire i limiti entro cui un'interpretazione di tale personaggio si sarebbe dovuta mantenere. Ma pur come dato di fatto l'interpretazione che Dante ama dargli non è la piú ovvia suggerita dalla cultura del tempo, è piuttosto un'interpretazione piú sottile, che ha probabilmente origine, come qualche interprete ha suggerito, in un tipo di simbolismo francescano non estraneo alla sua cultura.[3] Già ho sottolineato l'audace idealizzazione di Beatrice nel capitolo XXIV dell'opera, idealizzazione che secondo me trova un limite nell'accostamento della donna ad Amore, accostamento esplicito che sopravviene dopo un iniziale accenno ad un parallelismo che avrebbe condotto a porre la donna amata come termine parallelo del Cristo. Tale immagine di Beatrice come creatura di cielo era apparsa già nella canzone "Donne ch'avete intelletto d'amore," e a tale immagine Dante s'ispira nell'annuncio che dà della morte della donna all'inizio del capitolo XXVIII, ché di tale morte si parla non come morte, ma come chiamata a quel cielo "... che non have altro difetto / che d'aver lei ..." E' in conformità a tale rappresentazione di Beatrice che il nove viene illuminato qui nel suo significato piú profondo e piú sottile, che sarebbe quello d'esser simbolo d'un miracolo, infatti del nove è radice il tre, ch'è a sua volta simbolo della Trinità, "lo fattore per sé medesimo de li miracoli."

Nessun parallelo col Cristo è qui presente in queste righe del capitolo XXIX. Beatrice è un miracolo e la sua natura eccezionale già era stata in precedenza rilevata: definire il cielo come *difettoso* per la sua mancanza, significava ridefinire il cielo secondo le dimensioni di una visione incentrantesi su un'accezione particolare della donna amata. Se v'è un processo d'assimilazione nella *Vita Nuova*, non è quello di Beatrice ad entità religiose tradizionali, ma è piuttosto quello d'uno sfondo culturale determinato, e profondamente operante in Dante, ad una prospettiva spirituale individualissima maturatasi attraverso un laborioso itinerario, qual'è quello descritto nell'opera da noi studiata.

---

[3] Vedi Karl Vossler, op. cit., p 151.

CAPITOLO X

"LI OCCHI DOLENTI PER PIETÀ DEL CORE"

Poi che li occhi miei ebbero per alquanto tempo lagrimato, e tanto affaticati erano che non poteano disfogare la mia tristizia, pensai di volere disfogarla con alquante parole dolorose; e però propuosi di fare una canzone, ne la quale piangendo ragionassi di lei per cui tanto dolore era fatto distruggitore de l'anima mia; e cominciai allora una canzone, la qual comincia: *Li occhi dolenti per pietà del core.* (V.N., cap. XXXI, p. 108)

In questa canzone ch'è la terza e l'ultima canzone compiuta della *Vita Nuova*, abbiamo una prima espressione del dolore causato in Dante dalla morte di Beatrice. L'annuncio della sua morte è stato sobriamente dato nel capitolo XXVIII, preceduto da quella frase latina, tratta dalle *Lamentazioni* di Geremia, in cui attraverso la solennità del linguaggio biblico si esprimeva la desolazione causata dalla sua morte: ma oltre quella citazione, non v'era nessun altro commento esprimente il dolore causato dalla sua morte.

Considerando l'ordine secondo cui son distribuiti i diversi componimenti poetici della *Vita Nuova*, la canzone "Li occhi dolenti per pietà del core" occupa una posizione simmetrica a quella di "Donne ch'avete intelletto d'amore:" quattro sonetti distanziano la prima canzone dalla seconda, e tre sonetti e una stanza di canzone distanziano la seconda dalla terza. "Donna pietosa" ha una posizione centrale e dista rispettivamente dalla prima e dalla terza canzone quattro componimenti brevi. Desidero rilevare tale simmetria esteriore perché in realtà v'è una simmetria di struttura interna nelle due canzoni equidistanti dalla canzone suddetta.[1]

In generale si potrebbe stabilire una rispondenza di stanza a stanza tra le due canzoni, ma se le si considera da vicino è possibile rilevare delle rispondenze la cui significatività può essere evidenziata piú efficacemente che attraverso generiche affermazioni.

> Li occhi dolenti per pietà del core
> hanno di lagrimar sofferta pena,
> sí che per vinti son remasi omai.
> Ora, s'i' voglio sfogar lo dolore,
> che a poco a poco a la morte mi mena,
> convenemi parlar traendo guai.
> E perché me ricorda ch'io parlai
> de la mia donna, mentre che vivia,
> donne gentili, volentier con vui,
> non voi parlare altrui,
> se non a cor gentil che in donna sia;
> e dicerò di lei piangendo, pui
> che si n'è gita in ciel subitamente,
> e ha lasciato Amor meco dolente. (vv. 1-14)

---

[1] I saggi di Charles Norton ("On the *New Life*," "The *Convito* and the *Vita Nuova*," "On the structure of the *Vita Nuova*"), annessi alla sua traduzione della *Vita Nuova* contengono delle osservazioni sulla struttura esterna dell'opera, che, sebbene risalgano al 1859, rimangono tuttavia osservazioni fondamentali relativamente alla struttura e alle simmetrie esistenti nel libello dantesco. E desidero aggiungere che si tratta spesso di osservazioni che compaiono in critici contemporanei senza che se ne riconosca alcun debito al Norton. Se ci riferiamo per esempio alla canzone "Li occhi dolenti," ciò che il Sanguineti osserva in quel suo saggio del 1965 ("Per una lettura della *Vita Nuova*"), che cioè: "La 'figliuola d'Amore' si rovescia in questa 'figliuola di tristizia,' 'Donne ch'avete,' appunto, in 'Li occhi dolenti'" (op. cit., p. 44), non fa che succintamente ripetere ciò ch'è stato attentamente rilevato dal Norton, quando ha evidenziato la rispondenza esistente tra la prima e la terza canzone della *Vita Nuova* come riprova dell'intenzionalità della struttura dell'opera e delle rispondenze simmetriche presenti in essa ("On the Structure of the *Vita Nuova*," *The New Life of Dante Alighieri*, trans. by E.Norton, [printed in part in the *Atlantic Monthly*, 3, March 1859], n.p., n.d., pp. 131-132).

Le osservazioni del Norton rispetto alla struttura esterna della *Vita Nuova*, erano state precedute piú di vent'anni prima da quelle di Gabriele Rossetti, che in una lettera del 13 gennaio 1836 a Charles Lyell aveva messo in evidenza le linee fondamentali della struttura simmetrica dell'opera (vedi in proposito il saggio di K. McKenzie, "The Symmetrical Structure of Dante's *Vita Nuova*," *PMLA*, 18 [1903], 342).

In questa stanza iniziale Dante esprime innanzitutto la ragione che lo muove a comporre la canzone, la quale è "sfogar lo dolore:" all'inizio della prima stanza di "Donne ch'avete intelletto d'amore" il motivo addotto per parlar della sua donna è "ragionar per isfogar la mente;" successivamente ne' "Li occhi dolenti" vengono nominate le persone cui la canzone si rivolge, e da ultimo la persona di cui parlerà, laddove questi motivi son già presenti all'inizio della prima stanza della prima canzone per esser ripresi poi nei versi finali della stessa stanza (i versi centrali di tale stanza sono piuttosto considerazioni relative all'altezza del soggetto e allo stato d'animo dell'autore che si profonda nella contemplazione del valore della donna). Considerazioni relative all'inadeguatezza del poeta di fronte all'argomento da trattare non appaiono nella prima stanza de' "Li occhi dolenti," un accenno all'impossibilità d'esprimere compiutamente il suo dolore appare semmai nella quinta stanza della canzone, ma improntato piuttosto all'impossibilità d'esaurire compiutamente l'espressione d'un dolore senza limiti che ad un divario di natura assiologica tra il poeta e l'oggetto del suo canto. Stavolta la prospettiva è mutata: non è piú Beatrice in terra, il cui valore Dante cerca d'esprimere introducendo un'ardita prospettiva celeste, ma è Beatrice tornata alla sua naturale dimora; la prospettiva celeste è ora la naturale prospettiva da cui riguardare la donna, che al cielo ora appartiene: nessuno sforzo piú per esprimere attraverso molteplici prospettive la sua natura eccezionale, ché la prospettiva terrena ora può essere solo un modo negativo di rilevare il suo valore, attraverso l'espressione del dolore di cui la sua assenza è causa. L'unico punto di vista da cui contemplare Beatrice è quello celeste; se nella prima canzone della *Vita Nuova* accingersi a parlare di Beatrice sollecitava la riflessione di Dante sul modo di accostarsi all'oggetto del suo canto, ora l'unica prospettiva da cui può essere riguardata la donna amata è quella suggerita dal suo ritorno al cielo:

> Ita n'è Beatrice in l'alto cielo,
> nel reame ove li angeli hanno pace,
> e sta con loro, e voi, donne, ha lassate:
> no la ci tolse qualità di gelo
> né di calore, come l'altre face,
> ma solo fue sua gran benignitate;
> ché luce de la sua umilitate

> passò li cieli con tanta vertute,
> che fé maravigliar l'etterno sire,
> sí che dolce desire
> lo giunse di chiamar tanta salute;
> e fella di qua giú a sé venire,
> perché vedea ch'esta vita noiosa
> non era degna di sí gentil cosa. (vv. 15-28)

Questa seconda stanza che descrive il ritorno di Beatrice al cielo e il perché di tale ritorno, è parallela alla seconda stanza di "Donne ch'avete intelletto d'amore:" lí era il cielo che chiedeva la donna a Dio, e la prospettiva celeste era un espediente per esprimere l'alto valore della donna; ora l'invocazione di quel cielo che non aveva "altro difetto / che d'aver lei" è stata esaudita e Beatrice è tornata ad esso, perché la sua presenza qui è diventata una sorta di necessità morale agli occhi stessi di Dio: "perché vedea ch'esta vita noiosa / non era degna di sí gentil cosa." La morte presenta come necessaria quella prospettiva celeste che non era che arbitraria finzione poetica nella prima canzone, tant'è vero che in questa terza canzone è assente ogni preliminare riflessione sull'arduità del soggetto.

Le prospettive introdotte nella terza e nella quarta stanza de' "Li occhi dolenti" sono esattamente rispondenti a quelle introdotte nella terza e nella quarta stanza di "Donne ch'avete intelletto d'amore," solo che stavolta il termine di riferimento non è piú la donna amata ma la sua morte:

> Partissi de la sua bella persona
> piena di grazia l'anima gentile,
> ed èssi gloriosa in loco degno.
> Chi no la piange, quando ne ragiona,
> core ha di pietra sí malvagio e vile,
> ch'entrar no i puote spirito benigno.
> Non è di cor villan sí alto ingegno,
> che possa imaginar di lei alquanto,
> e però no li ven di pianger doglia:
> ma ven tristizia e voglia
> di sospirare e di morir di pianto,
> e d'onne consolar l'anima spoglia
> chi vede nel pensero alcuna volta
> quale ella fue, e com'ella n'è tolta. (vv. 29-42)

Mentre nella corrispondente stanza di "Donne ch'avete intelletto d'amore" venivano considerati gli effetti prodotti da Beatrice su coloro che la contemplavano e le parlavano, in questa stanza la possibilità di parlare della donna è solo negativa e consiste nel descrivere qual'è la reazione causata dalla sua morte rispettivamente nel "cor villan" e nel "cor" di colui che ne ha inteso il valore quand'ella era in vita e che ora ne avverte l'assenza come privazione senza rimedio. Considerazione quindi nella prima canzone degli effetti della sua presenza nei "cor villani" e nei cuori degni, e parallela considerazione degli effetti della sua assenza negli stessi nella canzone "Li occhi dolenti:" un rapporto diretto esiste tra la possibilità di avvertire gli effetti salutari della donna e la possibilità di soffrire per la sua dipartita. Mentre nella terza stanza di "Donne ch'avete intelletto d'amore" ciò che domina è la presenza di Beatrice e i suoi effetti salutari che, se non avvertiti positivamente, annientano chi non è da essi nobilitato, nella corrispondente stanza de' "Li occhi dolenti," ciò che domina è l'assenza della donna e l'impossibilità d'alcuna trasformazione in quegli animi induriti che non la piangono, come pure l'impossibilità da parte del "cor villan" di concepire il suo valore e quindi di piangerla. Quest'assenza della donna reca seco un senso d'inesorabilità; la sua assenza è come mancanza di luce e impossibilità di penetrazione del bene là dove è il male: "Chi no la piange, quando ne ragiona, / core ha di pietra sí malvagio e vile, / ch'entrar no i puote spirito benegno."

Il modo di riguardare la donna amata, ch'è incentrato sulla sua presenza nella prima canzone della *Vita Nuova*, è qui incentrato sulla sua assenza: una volta contemplata la morte come ritorno al cielo, "Ita n'è Beatrice in l'alto cielo, ..." la stessa morte si rivela come assenza e nella prospettiva di coloro che possono piangerla, e nella prospettiva dello stesso poeta:

> Dannomi angoscia li sospiri forte,
> quando 'l pensero ne la mente grave
> mi reca quella che m'ha il cor diviso:
> e spesse fiate pensando a la morte,
> venemene un disio tanto soave,
> che mi tramuta lo color nel viso.
> E quando 'l maginar mi ven ben fiso,
> giugnemi tanta pena d'ogne parte,
> ch'io mi riscuoto per dolor ch'i' sento;
> e sí fatto divento,

che da le genti vergogna mi parte.
Poscia piangendo, sol nel mio lamento
chiamo Beatrice e dico: "Or se' tu morta?";
e mentre ch'io la chiamo, me conforta. (vv. 43-56)

La bellezza di Beatrice e la forza del suo fascino sono i temi della quarta stanza della prima canzone: quindi la presenza della donna nei suoi aspetti piú pregnanti e da una prospettiva terrena; a questa contemplazione terrena della presenza della donna si contrappone nella quarta stanza della terza canzone la sofferta contemplazione terrena della morte e degli effetti dell'immedesimazione in tale soggetto nell'animo del poeta. La donna amata era la mèta cui la prima canzone era destinata, "Insegnatemi gir, ch'io son mandata / a quella di cui laude so' adornata," e il pubblico cui la canzone si rivolgeva eran "donne" e "omo cortese;" se la prima canzone era "figliuola d'Amor giovane e piana," questa terza è "figliuola di tristizia," frutto di dolore e di sospiri: "Pianger di doglia e sospirar d'angoscia / mi strugge 'l core ovunque sol mi trovo, / sí che ne 'ncrescerebbe a chi m'audesse;" e se il senso d'inadeguatezza del poeta nella prima canzone era senso d'inadeguatezza assiologica e di conseguente inadeguatezza artistica, il senso d'inadeguatezza che s'esprime nella quinta stanza de "Li occhi dolenti" (vv. 57-70) è senso d'inadeguatezza su un piano puramente espressivo per l'impossibilità di commensurare l'espressione ad un dolore, che pure è afferrato e vissuto in senso terreno. La donna amata è tuttavia la mèta anche di questa terza canzone: "Ma qual ch'io sia la mia donna il si vede, / e io ne spero ancor da lei merzede," e il pubblico cui essa si rivolge sono ancora "le donne" e "le donzelle" cui si rivolgeva la prima:

Pianger di doglia e sospirar d'angoscia
mi strugge 'l core ovunque sol mi trovo,
sí che 'ncrescerebbe a chi m'audesse:
e quale è stata la mia vita, poscia
che la mia donna andò nel secol novo,
lingua non è che dicer lo sapesse:
e però, donne mie, pur ch'io volesse,
non vi saprei io dir ben quel ch'io sono,
sí mi fa travagliar l'acerba vita;
la quale è sí 'nvilita,
che ogn'om par che mi dica: "Io t'abbandono,"

> veggendo la mia labbia tramortita.
> Ma qual ch'io sia la mia donna il si vede,
> e io ne spero ancor da lei merzede.
>   Pietosa mia canzone, or va piangendo;
> e ritruova le donne e le donzelle
> a cui le tue sorelle
> erano usate di portar letizia;
> e tu, che se' figliuola di tristizia,
> vatten disconsolata a star con elle. (vv. 57-76)

Se in "Donne ch'avete intelletto d'amore" la quinta stanza, e cioè l'ultima, fungeva da commiato, in cui il poeta indirizzava la sua canzone al pubblico cui era destinata, pubblico fatto di donne o comunque di persone cortesi che avrebbero dovuto condurla alla sua mèta, la quinta stanza de' "Li occhi dolenti." (vv. 57-70) non è ancora un commiato pur indicando nei suoi versi finali qual'è la sua mèta, ma contiene in sé un motivo che diversamente espresso era presente nella stanza iniziale della prima canzone. Nei suoi versi trova infatti espressione il senso d'inadeguatezza del poeta nell'esprimere il suo dolore, come in quella stanza iniziale di "Donne ch'avete intelletto d'amore" aveva trovato espressione il suo senso d'inadeguatezza nell'esprimere il valore della sua donna: che questo senso d'inadeguatezza abbia connotati diversi nelle due stanze, già l'abbiamo osservato, e ancora v'è da rilevare ciò che piú o meno esplicitamente s'è già osservato, che cioè nell'una canzone Dante esprime quest'inadeguatezza prima di accingersi a cantare la sua donna, mentre nell'altra canzone quest'inadeguatezza trova espressione solo nella stanza finale. Differenza questa che ha una sua ragione intrinseca, ché l'inadeguatezza di cui si parlava nella prima canzone era inadeguatezza che indicava una sproporzione di natura assiologica che doveva farsi sentire nell'atto stesso in cui il poeta s'accingeva ad esprimere l'oggetto del suo canto, mentre l'inadeguatezza di cui si parla ne' "Li occhi dolenti," è inadeguatezza quantitativa che nasce dal senso dell'impossibilità d'esaurire in parole quel dolore che pure è fatto vissuto, ma che proprio nella sua attualità esistenziale sopravvive alle parole e non se ne lascia circoscrivere.

Il parallelismo tra le due canzoni è innegabile, e come s'è visto sopravvive ad un'analisi accurata delle singole stanze, e se differenze vi sono, hanno una loro intrinseca e necessaria motivazione, come nel caso del sentimento d'inadeguatezza espresso dal poeta di fronte all'oggetto del suo canto. In certo senso si potrebbe dire che "Li occhi dolenti" siano come l'immagine rifratta di "Donne ch'avete intelletto d'amore" intendendo come mezzo rifrangente la morte di Beatrice. Se l'accostamento a Beatrice nella sua altezza era nella prima canzone processo d'ascesa del poeta stesso ad una prospettiva celeste, la morte ha ora spezzato questo movimento d'ascesa del poeta dalla donna viva all'immagine piú idealizzata di essa raggiunta solo in una prospettiva celeste: morta la donna amata, accostarsi ad essa diventa processo piú arduo e il naturale movimento di Dante verso Beatrice diventa quell'unico suggerito dalla sua assenza, ch'è la sua morte, ed è ora anelito doloroso ad una mèta ch'è per il momento inattingibile. Inattingibilità che trova espressione in quella seconda stanza della terza canzone, in cui la prospettiva celeste è considerata come la naturale prospettiva da cui riguardare ormai Beatrice, mentre l'unica possibilità di attingere ad essa è ormai diventata possibilità negativa da intendersi come invocazione ad essa nel dolore causato dalla sua morte:

> Poscia piangendo, sol nel mio lamento
> chiamo Beatrice, e dico: "Or se' tu morta?";
> e mentre ch'io la chiamo, me conforta.

La poesia di Dante non è piú a questo punto riflesso d'un movimento ascendente verso una mèta sia pure inattingibile; già ho definito "Li occhi dolenti" immagine rifratta di "Donne ch'avete intelletto d'amore," e usando l'espressione *immagine rifratta* ho inteso dare a quest'espressione un senso ben definito. La terza canzone non è infatti "mera iterazione, e al piú trascrizione, o addirittura traduzione, *post mortem*" della prima canzone:[2] se v'è rispondenza

---

[2] Il Sanguineti vede nella canzone "Li occhi dolenti" una replica dei motivi della prima canzone:

... ma senza piú alcuna possibilità di vero acquisto nell'area lirica anteriormente decisa. La "figliuola d'Amor" si rovescia in questa "figliuola di tristizia," "Donne ch'avete," appunto, in "Li occhi dolenti," ma restando, in simile rovesciamento, mera iterazione e al piú trascrizione, o addirittura traduzione, *post mortem:* e spartire il testo, ancora, tra "che di lei si comprende in cielo" e "che di lei si comprende in terra," è cosa in effetti eseguibile, e forse da eseguirsi veramente, sovrapponendo alla partizione pateticamente anticipata da Dante al paragrafo XXXI..., quel-

di struttura interna tra le due, è rispondenza che ha una sua profonda ragione di essere e che riflette una prospettiva nuova, ch'è prospettiva maturatasi attraverso un fatto che nella sua unicità e irripetibilità, è un fatto che allontana da quella normatività razionale che sembrava contrassegnare sino a questo momento lo svolgersi dialettico della vicenda della *Vita Nuova*. Il Sanguineti che osserva a questo punto come un "blocco" nella "storia lirica di Dante" e il venir meno di ogni negazione autentica, possibile fermento per un ulteriore svolgimento dialettico, si attiene in realtà ad uno schema interpretativo preconcetto, ispirantesi all'idea d'un processo che, sia pur dialetticamente svolgentesi, si prospetta come linearmente ascendente. In un processo siffatto la morte di Beatrice non poteva diventare essa stessa fermento negativo per uno svolgimento ulteriore. Nell'accezione particolare che quel processo d'ascesa ha nella mente dei piú, esso è processo in cui la morte stessa della donna, temporalmente intesa, assurge ad un significato trascendente e illuminante dell'itinerario descritto; lo stesso Sanguineti scrive:

> ... tutte le pagine in vita sono in effetti costruite dal poeta per impedire, in ogni modo, tale carattere di negazione alla morte della 'gentilissima.' Era dunque fatale, in qualche modo, l'arresto che qui si verifica.[3]

la stabilita al paragrafo XIX, benché ora ciò si rinnovi, come è ovvio, in una prospettiva tutta angosciosamente risonante. (op. cit., p. 44)

Lo stesso critico prosegue osservando che il libello sembra "disperdersi" dopo questa canzone "con un eccesso di scoperte corrispondenze costruttive, in un registro di sole occasioni, recuperando addirittura... certa crittografia delle prime rime, o piegando poi... verso una squisita ed estenuata arte aneddotica..." (op. cit., p. 44).

Non condivido affatto il punto di vista del Sanguineti secondo cui "Li occhi dolenti" sarebbe "mera iterazione, e al piú trascrizione, o addirittura traduzione, *post mortem*..." di "Donne ch'avete intelletto d'amore." Secondo me la terza canzone della *Vita Nuova* ha un significato determinato nello svolgimento poetico e contenutistico dell'opera: essa è effettivamente in posizione simmetrica rispetto alla prima canzone nell'ambito della struttura esterna del libello, e presenta rispetto ad essa una simmetria di struttura interna, ma rispecchia un momento lirico determinato nello svolgimento della poesia dantesca, momento lirico ch'è parallelo ad un movimento dell'animo di Dante e che ha una sua essenzialità nella dinamica dello svolgimento artistico dell'opera.

[3] Op. cit., p. 45.

L'episodio della 'donna gentile' è il motivo che secondo il Sanguineti, sopraggiunge dall'esterno come elemento negativo, origine d'una nuova antinomia. Tale àtteggiamento critico deriva solo dall'essersi attenuto da ultimo ad uno schema interpretativo, ché se si considera attentamente questa nuova fase lirica e prosastica della *Vita Nuova*, essa è fase che ha un suo significato autonomo sia pure come dispersione e allontanamento dalla mèta. In questo senso l'evento materiale della morte di Beatrice diventa elemento negativo, fermento per uno svolgersi ulteriore di eventi: ma è la morte come *evento materiale*, quella morte che nella sua unicità di fatto inserito nel decorso temporale degli eventi, e quindi nella sua irreversibilità, serba quel carattere di negatività che la contrassegna, impedendole di assurgere al livello di esperienza normativa. La dispersione e il dolore dell'animo di Dante sono il riflesso di questa morte materiale e unica, di questa morte che s'è eretta a negazione del principio stesso ch'era stato fermento allo svolgersi dell'opera: un'apparizione, intimamente spiritualizzata, ma tutta basantesi sull'organo della vista è quella che infatti domina il dischiudersi della vicenda del poeta, e la morte come evento materiale si presenta come la negazione per antonomàsia di questo principio, ch'è contemplazione della bellezza. Quale ragione più profonda per un sentimento autentico di assenza e di dispersione, ch'è poi la ragione ispiratrice più autentica per quel rifrangersi negativamente dell'alto contenuto lirico della prima canzone.

Capitolo XI

"ALLORA VIDI UNA GENTILE DONNA GIOVANE E BELLA MOLTO ... "

> Poi che detta fue questa canzone sí venne a me uno, lo quale, secondo li gradi de l'amistade, è amico a me immediatamente dopo lo primo; e questi fue tanto distretto di sanguinitade con questa gloriosa, che nullo piú presso l'era. E poi che fue meco a ragionare, mi pregoe ch'io li dovessi dire alcuna cosa per una donna che s'era morta; ...
> (V.N., cap. XXXII, pp. 114-15)

Il sonetto che segue nel capitolo XXXII e le due stanze di canzone del capitolo XXXIII si riportano entrambi alla medesima occasione; la persona che chiede a Dante di comporre dei versi "per una donna che s'era morta," uno stretto congiunto di Beatrice e probabilmente un fratello di essa, rivela nel celare il nome della donna un profondo pudore del suo dolore e forse una sorta di riguardo per il poeta, cui questo servigio veniva chiesto.

Abbiamo a questo punto l'emergere d'un elemento narrativo che sembra connettere piú intimamente la trama dell'opera allo svolgersi degli eventi reali. L'apparire di questo stretto congiunto di Beatrice nel corso della narrazione, se è accidentale da un punto di vista logico, è però uno di quei fatti della realtà su cui d'ora in poi nella narrazione sembra maggiormente appuntarsi l'attenzione dell'autore: risponde cioè ad una necessità narrativa, che in questi ultimi dieci capitoli dell'opera si fa piú esplicita e discorsiva.

Non a caso avevo avvertito a proposito della canzone "Donna pietosa" che si trattava piuttosto del culmine dell'itinerario spirituale di Dante descritto nella *Vita Nuova*, che del centro di esso. La riflessione sull'esperienza della morte è riflessione culminante, in quest'itinerario; essa segna un mutato atteggiamento del poeta di fronte alla morte ed allo stesso tempo segna l'avvio ad una piú profonda spiritualizzazione della donna amata: ma è in sé stessa nello svolgimento dell'opera l'ultima e culminante esperienza formativa di cui siamo testimoni. Al di là della morte reale di Beatrice v'è un mutamento di prospettiva: la donna appartiene ormai al cielo, e oltre che esprimere un dolore incommensurabile ed un atteggiamento mutato di fronte ad essa morte, nulla resta al poeta eccetto che volgersi con rimpianto grandissimo alla contemplazione negativa di quella bellezza il cui godimento è ormai sottratto agli uomini:

> E' si raccoglie ne li miei sospiri
> un sono di pietate,
> che va chiamando Morte tuttavia:
> a lei si volser tutti i miei disiri,
> quando la donna mia
> fu giunta da la sua crudelitate;
> perché 'l piacere de la sua bieltate,
> partendo sé da la nostra veduta,
> divenne spiritual bellezza grande,
> che per lo cielo spande
> luce d'amor, che li angeli saluta,
> e lo intelletto loro alto, sottile
> face maravigliar, sí v'è gentile.
> (V.N., cap. XXXIII, canz. inc., vv. 14-26)

"'l piacere de la sua bieltate" che s'è sottratto alla possibilità della contemplazione fisica è divenuto "spirital bellezza grande:" mentre sinora il piacere derivante dalla visione della donna aveva adempiuto ad una funzione gratificante e purificante, ora esso non appartiene piú a coloro che sono in terra, ma è piacere purissimo riservato agli angeli, che pure stupiscono tant'è gentile siffatta bellezza. La scomparsa di Beatrice è la naturale premessa di questa considerazione negativa del valore della donna amata, che ora è avvertito in tutta la sua profondità attraverso la privazione di esso. Una volta congiunto al suo originario elemento, tale valore si potenzia ed attinge infine la pienezza del suo significato. Quella prospettiva celeste che Dante aveva già introdotto come necessaria nel tentativo di attingere all'espressione del valore della sua donna in "Donne ch'avete intelletto d'amore," si rivela come l'unica prospettiva che si adatti ad esso e ne consenta l'attualizzazione. Quella nota d'inattingibilità che contrassegnava nella prima canzone la considerazione del valore ideale della donna, si definisce piú nettamente ed inesorabilmente nei componimenti poetici posteriori alla morte di Beatrice. Sembrerebbe che l'itinerario spirituale di Dante avesse raggiunto il suo culmine in "Donna pietosa" e la sua definitiva conclusione in quell'evento annunciato dalle parole di Geremia: *"Quomodo sedet sola civitas plena populo! facta est quasi vidua domina gentium."* L'itinerario additato da Beatrice e su cui Dante era stato guidato da Amore era un itinerario prefiggentesi una mèta inattingibile, ch'era possibile solo individuare ma non raggiungere da una prospettiva terrena: l'amore terreno di Dante per Beatrice aveva posto Dante su tale itinerario.

Si può dire che l'itinerario spirituale di Dante raggiunge una sua conclusione nell'evento della morte della donna amata? Da un punto di vista letterale si può affermare questo, perché è stata Beatrice come essere terreno che ha posto il poeta su questo itinerario; riguardando però quest'itinerario dal punto di vista del suo significato piú intrinseco, la morte di Beatrice si può considerare sotto questa luce quale corollario, tratto dalla realtà, e accidentale, di quel necessario superamento dei legami terreni, condizione fondamentale d'un processo tendente ad una mèta non terrena. Un processo siffatto è processo aperto e senza conclusione, e tale è il processo di cui abbiamo seguito le tappe nella *Vita Nuova*; ecco perché, una volta tracciato nelle sue linee fondamentali, e non raggiunta la mèta, ma solo intravista, quando colei che era stata il tramite piú diretto a questa mèta, scompare, abbiamo come un arrestarsi di tale processo e un ripiegamento doloroso e tutto umano e come un dischiudersi agli eventi della realtà. Eventi che son stati finora filtrati in rapporto al loro significato, e che anche qui riappaiono, sia pure acquistando maggior risalto, in funzione di quella significatività che a questo punto è fondamentalmente data da quel rilievo che essi in quanto fatti e vicende hanno acquistato nel corso della narrazione. Significatività ch'è quindi ora esaurentesi in quell'emergere di fatti e stati d'animo, che in quanto tali divengono elementi fondamentali nel delinearsi della vicenda ulteriore dell'animo di Dante.

Se questa vicenda è stata essenziale e come improntata ad una sua interna necessità sino al capitolo XXXI e a quella canzone "Li occhi dolenti," che, tenendo presente il mutamento di prospettiva causato dalla morte della donna, si presentava come simmetrica a "Donne ch'avete intelletto d'amore," la stessa vicenda se pur non conclusa si presenta nello svolgimento ulteriore della *Vita Nuova* come vicenda inessenziale e dispersione lontano dalla mèta. Lo stesso ripiegarsi dell'animo del poeta sul suo dolore è come un vagare lontano dalla mèta, che può essere ora riguardata solo negativamente e cui ci si può accostare materialmente solo nell'invocazione della morte. Ma questa morte ch'è ora invocata come "soave e dolce ... riposo," si presenta al poeta non come tappa d'un itinerario spirituale, ma come soluzione accidentale d'un dramma umano, la quale eliminerebbe la distanza tra il poeta e la sua donna solo da un punto di vista terreno, e non spirituale. L'appello alla morte nella forma di disprezzo della vita appare nei versi finali del sonetto XVII, e riappare come invocazione diretta sia nei versi finali della prima stanza che nei versi iniziali della seconda in quella canzone incompiuta "Quantunque volte, lasso!..." E se la prima stanza in cui la morte viene invocata come "soave e dolce mio riposo" è dal poeta presentata come esprimente lo stato d'animo d'un'altra persona, i versi della stanza che segue riprendono questo motivo e pur riferendosi in forma piú personale alla donna amata, ch'è qui presentata come "la donna mia," ci confermano nel punto di vista che solo particolari di linguaggio quale quello ora citato rappresentano l'effettiva differenza esistente tra le due stanze, che in effetti non fanno che ripetere l'espressione di quel dolore ch'è fonte d'ispirazione per il sonetto XVII e che già costituisce nella canzone "Li occhi dolenti" l'unica prospettiva terrena da cui riguardare ormai Beatrice.

Uno sprazzo narrativo e come una celebrazione di questo dolore "per annovale," rappresentano l'epilogo per questo gruppo di componimenti poetici:

> In quello giorno nel quale si compiea l'anno che questa donna era fatta de li cittadini di vita eterna, io mi sedea in parte ne la quale, ricordandomi di lei, disegnava uno angelo sopra certe tavolette; e mentre io lo disegnava, volsi li occhi, e vidi lungo me uomini a li quali si convenia di fare onore. E' riguardavano quello che io facea; e secondo

che me fu detto poi, elli erano stati già alquanto anzi che
io me ne accorgesse. Quando li vidi, mi levai, e salutando
loro dissi: "Altri era testé meco, però pensava." (V.N., cap.
XXXIV, pp. 118-19)

Questo raccoglimento di Dante che s'immerge nel disegno d'un
angelo, mentre si profonda nel ricordo di Beatrice, costituisce nella
prosa come una pausa nell'espressione del dolore del poeta, espressione che presupponeva una sorta di smarrimento e di allontanamento dalla contemplazione della donna amata, ch'era stata il principale motivo ispiratore dello "stilo de la sua loda."

La breve frase che Dante rivolge ai gentiluomini che gli s'erano
accostati, esprime nella sua essenzialità una forma di raccoglimento attorno all'oggetto dei propri pensieri, che, sebbene improntato
ad una fondamentale serietà di tono, si allontana dallo sfogo doloroso che aveva caratterizzato i componimenti posteriori alla morte
di Beatrice. L'invocazione della morte e il disprezzo della vita
ch'erano presenti in forma diversa in tutti i componimenti posteriori all'annuncio della morte di Beatrice, sono assenti dal sonetto
che accompagna la prosa del capitolo XXXIV, sonetto che, come
s'è già detto, ha in certo senso la funzione di epilogo rispetto al
gruppo di componimenti ora citati. Un duplice inizio vien suggerito dal poeta per tale componimento, ma un motivo accomuna
i due inizi, e cioè il rinnovato accento posto sul valore della donna,
che, seppure non obliato, nei componimenti precedenti aveva trovato solo un'espressione indiretta. Il dolore e il rimpianto della
donna amata che sono ancora motivi dominanti di questo sonetto,
sono improntati ad una maggiore pacatezza e come sublimati in
quel tono celebrativo, quasi di "annovale:"

> Ma quei che n'uscian for con maggior pena,
> venian dicendo: "Oi nobile intelletto,
> oggi fa l'anno che nel ciel salisti."
> (V.N., cap. XXXIV, son. XVIII).

Il tono narrativo della storia, legato maggiormente ai fatti nel
loro svolgimento materiale, costituisce il tessuto fondamentale dello svolgimento ulteriore delle vicende della *Vita Nuova*. Così, non
necessario dal punto di vista della dinamica intrinseca della storia
che abbiamo sinora seguito, e gratuito di quella gratuità che con-

"ALLORA VIDI UNA GENTILE DONNA GIOVANE E BELLA MOLTO..." 137

trassegna la narrazione che segue l'accidentalità degli eventi, è l'apparire nel capitolo XXXV di "una gentile donna giovane e bella molto:"[1]

---

[1] L'apparire nel capitolo XXXV della *Vita Nuova* di questa "gentile donna giovane e bella molto," ha dato adito ad una grandissima varietà d'interpretazioni che oscillano tra il riconoscimento della realtà della donna e l'interpretazione di essa in senso simbolico. Naturalmente anche nell'ambito di quest'alternativa fondamentale, si ritrova una grande varietà di prospettive.

Il Norton interpreta la 'donna gentile' come la prima immagine che Dante scopre di Filosofia, quale 'amante della scienza umana,' e sotto quest'aspetto destinata a diventare odiosa agli occhi del poeta e ad essere superata da quella Beatrice che attraverso la visione finale gli si rivelerebbe come guida alla conoscenza delle cose celesti ("The *Convivio* and the *Vita Nuova*," *The New Life of Dante Alighieri*, op. cit., pp. 127-28).

Anche il Grandgent sembra accettare l'interpretazione della 'donna gentile' come la Filosofia (*Dante Alighieri*, op. cit., p. 16), come del resto il Biondolillo nella sua opera *Il problema critico della Vita Nuova* (Palermo: Trimarchi, 1932, p. 29).

Il De Robertis poi non prende posizione riguardo al significato della 'donna gentile' nella *Vita Nuova* (*Il libro della Vita Nuova*, op. cit.).

Tra i sostenitori della realtà della 'donna gentile' è il Barbi, il quale osserva a proposito di quest'episodio:

> Piú sorprende per novità poetica l'episodio della donna pietosa: una tentazione d'amore piú che un amore vero e proprio; un desiderio di nuovo affetto, durato alquanti dí, del quale il poeta si duole come di una grave infedeltà, come di cosa vile e malvagia; ... (M. Barbi, *Dante, vita opere e fortuna*, Firenze: Sansoni, 1952, p. 45)

Anche per il Cesareo, che pur afferma che "la *Vita Nuova* è il romanzo dell'amor mistico" (*Studii e ricerche su la letteratura italiana*, op. cit., p. 86), la 'donna gentile' è creatura terrena "che per alcun tempo consola il cuore afflitto di Dante."

Da un'interpretazione della 'donna gentile' che ne riconosca la realtà muove lo stesso Pietrobono, che però successivamente riconoscerà ad essa un significato simbolico che vi sarebbe confluito nella redazione finale dell'opera. Infatti questo critico ha avanzato l'ipotesi d'un rifacimento della *Vita Nuova* posteriore ad una prima stesura dell'opera che si sarebbe chiusa "anziché col racconto del ritorno e della vittoria di Beatrice," "con quello dell'apparizione e dell'innamoramento di Dante per la Donna gentile" (*Saggi danteschi*, op. cit., p. 42). Il suo punto di vista sarebbe dunque: "che noi non possediamo la *Vita Nuova* quale uscí in origine dalla penna di lui, ma quale fu da lui largamente rimaneggiata, allorché ebbe concepito il disegno della *Commedia*, ossia non avanti il 1312" (op. cit., pp. 42-43).

Questa tesi è stata ampiamente discussa dal Barbi, che la rigetta; nel suo articolo "Razionalismo e misticismo in Dante," leggiamo: "La *Vita Nuova* come noi la conosciamo, la spieghiamo benissimo, se è frutto della giovinezza di Dante, ma diventa un cumulo d'incongruenze e d'inverosimiglianze se la pensiamo composta dopo il *Convivio*" (*Studi danteschi*, 17 [1933], 10)

Di questa tesi d'un rifacimento della *Vita Nuova* vi sono diversi sostenitori:

> Allora vidi una gentile donna giovane e bella molto, la quale da una finestra mi riguardava sí pietosamente, quanto a la vista, che tutta la pietà parea in lei accolta. (V.N., cap. XXXV, p. 122)

Tale pietà influenza l'animo di Dante, e gli suggerisce il pensiero: "E' non puote essere che con quella pietosa donna non sia nobilissimo amore" (V.N., cap. XXXV, p. 122). Lo smarrimento del poeta causato dal dolore per la morte di Beatrice, si rivela indirettamente in questa riflessione, che sembra suggerire una nuova immagine su cui affissare lo sguardo, un'immagine in cui il poeta pensa o perlomeno spera di ritrovare Amore:

> "Ben è con quella donna quello Amore
> lo qual mi face andar cosí piangendo"
> (V.N., cap. XXXV, son. XIX).

Questa donna ogni qualvolta vedeva Dante "sí si facea d'una vista pietosa e d'un colore palido quasi come d'amore" e richiamava perciò alla sua mente la sua "nobilissima donna:" quest'immagine di donna s'impone gradualmente e se nel sonetto XIX essa sembra soprattutto incentivo allo sfogo del dolore del poeta, nel sonetto XX, pur essendo presentata nella prosa come colei "la quale parea che tirasse le lagrime fuori de li miei occhi per la sua vista," non solo accresce il desiderio che gli occhi hanno di piangere, ma questo stesso desiderio trasforma e sublima:

> Eo non posso tener li occhi distrutti
> che non reguardin voi spesse fiate,
> per desiderio di pianger ch'elli hanno:
> e voi crescete sí lor volontate,
> che de la doglia si consuman tutti;
> ma lagrimar dinanzi a voi non sanno.
> (V.N., cap. XXXVI, son. XX).

Pur intensificatosi il desiderio di piangere gli occhi non sanno piú lagrimare, e quella vista della donna ch'era dapprima occasione

---

tra essi emerge il Nardi che ha rivolto piú di una volta la sua attenzione a quest'argomento. In *Dante e la cultura medievale* nel saggio "Filosofia dell'amore" questo critico spiega le contradizioni esistenti tra la presentazione della 'donna gentile' nel

allo sfogo piú pieno del proprio dolore, acquista ora agli occhi di Dante un suo valore autonomo di immagine e diventa essa stessa oggetto di contemplazione:

> Io venni a tanto per la vista di questa donna, che li miei occhi si cominciaro a dilettare troppo di vederla...

Ma tale contemplazione non è disgiunta dal risentimento del poeta contro sé stesso e la sua debolezza:

> Onde piú volte bestemmiava la vanitade de li occhi miei e dicea loro nel mio pensero: "Or voi solavate fare piangere chi vedea la vostra dolorosa condizione, e ora pare che vogliate dimenticarlo per questa donna che vi mira; che non mira voi, se non in quanto le pesa de la gloriosa donna di cui piangere solete; ma quanto potete fate, ché io la vi pur rimembrerò molto spesso, maladetti occhi, ché mai, se non dopo la morte, non dovrebbero le vostre lagrime avere restate." (V.N., cap. XXXVII, pp. 126-27)

Quegli occhi, ch'eran stati pur tramite alla contemplazione di Beatrice, e che come spettatori della bellezza terrena della donna, non avevano mai esaurito il loro ruolo, son qui chiamati "maladetti occhi:" essi son quegli occhi cui è stato sottratto "'l piacere de la sua bieltate," quegli occhi che dalle vestigia terrene della donna guidavano il poeta ad una contemplazione altamente spirituale della stessa. Una volta eliminata la possibilità di contemplare la bel-

---

Convivio e quella della stessa nella *Vita Nuova*, avanzando l'ipotesi d'una redazione della *Vita Nuova* posteriore all'interruzione del *Convivio*, redazione in cui "l'amore per la donna pietosa ... venne presentato come 'un desiderio malvagio e vana tentazione,' di cui il risorto affetto per Beatrice aveva trionfato" (op. cit., p. 70). La prima redazione della *Vita Nuova* avrebbe presentato una 'donna gentile' con significato allegorico e sarebbe dovuta servire di preludio al *Convivio*, mentre la seconda e ultima redazione, sarebbe dovuta servire come introduzione alla *Divina Commedia* (B. Nardi, *Nel mondo di Dante,* Roma: edizioni di Storia e Letteratura, 1944, p. 19). In questa seconda redazione posteriore all'abbandono della composizione del *Convivio*, Dante avrebbe modificato la prima redazione facendovi confluire quasi "in uno scorcio sintetico" attraverso l'episodio della 'donna gentile' "tutti gli amori che via via avevano sedotto il suo animo assetato d'amore e di canto, e sui quali l'amore per Beatrice aveva finito per trionfare" (*Nel mondo di Dante*, op. cit., p. 19).

lezza terrena della donna amata, quel processo d'ascesa del poeta da una prospettiva terrena e sensuale ad una prospettiva spirituale dell'amore, sembra, se non distrutto, come deviato. Il fatto che "'l piacere de la sua bieltate," che non può piú essere goduta da occhi umani, si sia trasformato in "spirital bellezza grande," ha creato una distanza nuova tra Dante e Beatrice: ché Beatrice è ora divenuta creatura di cielo da amarsi solo spiritualmente ed anche quell'ultima contemplazione spiritualizzata della sua bellezza che mai s'era disgiunta dalla sua "loda," non avrà piú radici terrene. La funzione che gli occhi, e quindi l'organo della vista, hanno avuto in questo progresso e svolgimento di Dante, è funzione fondamentale che non può essere obliata neanche ora che la donna amata ha raggiunto la sua naturale identità di creatura celeste. Anzi è proprio ora che siamo richiamati a quest'origine sensibile d'un processo d'ascesa spirituale in cui la base terrena e sensuale d'una serie d'esperienze formative non può essere lasciata da parte.

Il distacco dalle originarie radici terrene dell'amore è il distacco piú faticoso: è un distacco ch'era già implicito nella prospettiva celeste da cui la donna veniva presentata nella seconda stanza della prima canzone, nella quale tuttavia la prospettiva terrena ancora sopravviveva affondando le sue radici nella contemplazione della bellezza fisica della donna:

> Color di perle ha quasi, in forma quale
> convene a donna aver, non for misura:
> ella è quanto de ben pò far natura; ...

La riflessione sulla morte che nello svolgimento della *Vita Nuova* segue come correlato dell'avanzamento di Dante nel suo itinerario spirituale, aveva un suo significato fondamentale nel mutarsi dell'atteggiamento del poeta di fronte alla morte: ma la morte reale di Beatrice è esperienza di fatto, e come tale ha il valore unico d'una vicenda irripetibile e non anticipabile nella sua unicità. Ed è appunto l'unicità di tale vicenda che domina la parte ultima della *Vita Nuova*, e che riconduce la narrazione dell'autore nell'ambito dell'accidentalità d'una storia che proprio nella sua accidentalità è irripetibile e non può assurgere al significato normativo d'una vicenda che abbia una sua interna necessità. Non a caso la *Vita Nuova* è definita nel *Convivio* "fervida e passionata."

Il cuore che ancora nel capitolo XXXVII sembra prender le parti della donna morta di contro agli occhi sopraffatti dal "viso d'una donna che" li "mira," nella sua possibilità d'esser determinato sia dalla ragione che dalla passione, presto si dimostra incline a seguire quest'ultima, e alla ragione che gli chiede chi sia costui che viene a consolare l'animo del poeta, esso risponde:

> ..."Oi anima pensosa,
> questi è uno spiritel novo d'amore,
> che reca innanzi me li suoi desiri;
> e la sua vita, e tutto 'l suo valore,
> mosse de li occhi di quella pietosa
> che si turbava de' nostri martiri."
> (V.N., cap. XXXVIII, son. XXII)

> Contra questo avversario de la ragione si levoe un die, quasi ne l'ora de la nona, una forte imaginazione in me, che mi parve vedere questa gloriosa Beatrice con quelle vestimenta sanguigne co le quali apparve prima a li occhi miei; e pareami giovane in simile etade in quale io prima la vidi. Allora cominciai a pensare di lei; e ricordandomi di lei secondo l'ordine del tempo passato, lo mio cuore cominciò dolorosamente a pentere de lo desiderio a cui sí vilmente s'avea lasciato possedere alquanti die contra la costanzia de la ragione: e discacciato questo cotale malvagio desiderio, sí si rivolsero tutti li miei pensamenti a la loro gentilissima Beatrice. (V.N., cap. XXXIX, pp. 131-32)

L'immaginazione con cui si apre il capitolo XXXIX è un ritorno alla prima immagine di Beatrice: tale ritorno è l'avvio ad una riflessione che porta Dante a ricordarsi di lei "secondo l'ordine del tempo passato" e tale riflessione è a sua volta l'avvio ad un doloroso "pentere de lo desiderio a cui sí vilmente" il cuore "s'avea lasciato possedere alquanti die contra la costanzia de la ragione." V'è come il riprendere il filo interrotto d'una vicenda ch'è quella vicenda interiore e necessaria che abbiamo seguito dall'inizio dell'opera attraverso il progresso della narrazione. Questo ritorno attraverso quest'immaginazione alla prima immagine di Beatrice ha secondo me un suo profondo significato, ch'è quello di ripercorrere e di reinserirsi in un itinerario che per la sua normatività e il suo carattere aperto è itinerario ripetibile in un tentativo d'accostamento ad una mèta. Lo "spiritel novo d'amore" di cui si parlava nel XXII sonetto è chiamato nel capitolo XXXIX "avversario de la ragione:" e piú in là nello stesso capitolo vien definito come "malvagio desiderio," ed è "contra la costanzìa de la ragione" che il cuore s'è lasciato "possedere alquanti die" da questo desiderio.

La contrapposizione di quest'amore come passione che s'impadronisce del cuore contro "la costanzia de la ragione" ad un amore illuminato e guidato dalla ragione, non dà secondo me adito a possibili interpretazioni simboliche o allegoriche tendenti ad identificare tale amore con l'amore per la Filosofia. L'amore per la Filosofia lungi dall'operare contro ragione, è piuttosto amore che alla parte piú alta e razionale dell'uomo si rivolge e fa innamorare di sé l'anima attraverso la potenza dei suoi occhi, i quali altro non sono che le sue dimostrazioni le quali si rivolgono a "li occhi de lo 'ntelletto" (*Convivio*, II, xv, 4).

Questa "gentile donna giovane e bella molto non è che un momento di quella vicenda cui l'animo smarrito di Dante soggiace dopo la morte di Beatrice, vicenda da cui è assente ogni significato figurato o simbolico, ma che nella sua accidentalità ha un significato e una funzione nella dinamica della narrazione,[2] perché è solo attraverso questa vicenda che le ultime radici terrene dell'amore del

---

[2] Il Sanguineti scorge una sorta di cristallizzazione dell'immagine della donna amata, successivamente alla sua morte:

> La verità è che la storia lirica di Dante è pervenuta a un blocco, che non riesce piú ad appoggiarsi sopra alcuna negazione autentica: tutte le pagine in vita sono in effetti costruite dal poeta per impedire, in ogni modo, tale carattere di negazione alla morte della 'gentilissima.' (op. cit., p. 45)

La nuova occasione per una ripresa del movimento dialettico ch'è per il suddetto critico alle radici del libello, sarà l'apparire della "gentile donna giovane e bella molto" che darà origine a quell' "antinomia di amore celeste e di amore terreno" (op. cit., p. 45) ch'è per il Sanguineti l'approdo supremo della *Vita Nuova*. Antinomia che "è il messaggio di poetica, in effetti, che Dante trasmette a tutta la lirica posteriore, italiana e europea, e in primo luogo, appunto, al Petrarca medesimo, questa volta" (op. cit., pp. 45-46). Affermazione quest'ultima alquanto discutibile secondo me per il valore particolarissimo che un'antinomia siffatta ha nel contesto della *Vita Nuova*.

Se infatti quest'opera giovanile di Dante è opera "medievalmente aperta" (op. cit., p. 24), come afferma il nostro critico, e su questo punto mi dichiaro d'accordo con lui sia pure propendendo per un abbandono di quell'avverbio "medievalmente," è chiaro, che in un'antinomia siffatta v'è un fermento etico, che poi il Sanguineti stesso non disconosce (op. cit., p. 46), che qualifica in Dante quest'antinomia ren-

poeta sono eliminate, con quella vittoria sugli occhi[3] celebrata nel capitolo XXXIX, vittoria che d'altronde serba l'accidentalità delle sue origini, e in quanto tale ha in sé un carattere di temporalità che riconnette l'itinerario di Dante alla precarietà degli eventi terreni.

Se c'è una parte della *Vita Nuova* da cui il linguaggio figurato o simbolico è assente, questa è data proprio dai capitoli compresi tra il trentunesimo e il trentanovesimo, ove la narrazione si abbandona maggiormente ad un corso accidentale, mentre la linea piú intrinseca della narrazione è ripresa nel capitolo XXXIX attraverso quella "forte imaginazione" in cui a Dante sembra di vedere Beatrice "con quelle vestimenta sanguigne co le quali" era

---

dendola antinomia dantesca e quindi antinomia che non è altro che premessa ad un superamento di essa in quel contesto particolarissimo ch'è la *Vita Nuova*.

Se poi si consideri bene, siffatta antinomia, che non si prospetta mai staticamente (come si prospetterà poi nella poesia petrarchesca), è antinomia ch'è alle radici del libello, ed è altamente drammatizzata nel sonetto della prima visione, laddove nella forma in cui si presenta nella parte finale della *Vita Nuova*, è lungi dalla drammaticità e pregnanza di quella prima visione e si presenta piuttosto come drammatico contrasto di cui termini antinomici non sono amore carnale e amore spirituale, ma amore completamente spiritualizzato e amore che ancora non sa liberarsi da quell'ultimo vestigio sensibile ch'è la bellezza come godimento della vista.

[3] Vittoria sugli occhi, che ha tonalità spiccatamente spirituali, che rendono arbitrario secondo me il tentativo d'identificare la malattia di cui Dante parla in *Convivio*, III, ix, 15-16, col riferimento al "colore purpureo" che appariva intorno agli occhi del poeta per il continuo pianto causato dal suo ravvedimento e dal suo ritorno a Beatrice.

Vi son tuttavia dei critici che, nonostante la consapevolezza di muovere da un'ipotesi arbitraria, svolgono le implicazioni della loro ipotesi in un ancor piú arbitraria interpretazione del testo della *Vita Nuova*. Vedi in proposito il Santangelo, cui tale ipotesi serve poi per questioni di cronologia, e cioè per determinare approssimativamente la data di composizione della parte finale della *Vita Nuova*.

Riferendosi al capitolo XXXIX della *Vita Nuova* e al sonetto in esso incluso, il Santangelo commenta:

> Dante, parlando del suo pentimento, non poteva dire, e non dice, di aver sofferto una malattia: attesta bensí che i suoi occhi, si arrossavano intorno, come per malattia *(martirio)*, e che furono privati della loro funzione. Ma già il "colore purpureo" è propriamente l'iperemia congiuntivale, che spesso è sintomo di vera e propria infermità; d'altra parte, con la punizione degli occhi Dante velatamente allude alla cura d'una malattia: cosí, chi dicesse, poniamo, che il suo stomaco per aver troppo ingerito è stato punito col non poter piú nulla ricevere, intenderebbe di privazione volontaria, di astinenza terapeutica. E' presumibile dunque che Dante in quell'occasione sia stato obbligato da una malattia a non servirsi per un pezzo *(d'allora innanzi)* degli occhi" (S. Santangelo, "La composizione della *Vita Nuova*," *Saggi danteschi*, Padova: CEDAM, 1959, p. 51).

apparsa per la prima volta ai suoi occhi. E un significato chiaramente figurato adombra quei "peregrini" del capitolo XL che si recano a contemplare il velo della Veronica:[4] il ritorno di Dante a Beatrice o piuttosto a quell'immagine di Beatrice che s'è venuta formando, nel tempo, nel suo animo, è adombrato in quell'immagine dei pellegrini che vanno a contemplare il volto del Cristo impresso su quella sacra reliquia. Ancora una volta la figura del pellegrino ha un ruolo figurato nella narrazione di Dante, ché Amore in veste di pellegrino l'avevamo visto nel capitolo IX, anche se lí Amore era pellegrino rispetto a sé stesso e alla sua mèta, e qui nel capitolo XL l'immagine dei pellegrini ha significato figurato solo rispetto a quella mèta ch'essi perseguono.

Dante ancora una volta è divenuto "peregrino," ma peregrino rispetto ad una mèta ch'è ormai altamente spiritualizzata. Quest'immagine dei "peregrini" quale immagine figurata in cui indubbiamente s'adombra l'ultima vicenda di Dante, ci conferma nel riconoscere l'accidentalità e lo smarrimento inerente a questa parte della storia che segue alla morte della donna. Ma quando quest'immagine dei "peregrini" appare, sia pure adombrando di sé a posteriori la precedente vicenda, la narrazione ha ripreso secondo quei criteri di essenzialità che l'avevano prima contrassegnata. Cosí il sonetto XXIV sia pure illuminando retrospettivamente le vicende anteriori, contrappone a quell'immagine in cui Dante indubbiamente proietta il suo stato d'animo, una nota di accorata e profonda consapevolezza relativa a quella mèta da cui è ormai solo forzatamente "peregrino:"

> Se voi restaste per volerlo audire,
> certo lo cor de' sospiri mi dice
> che lagrimando n'uscireste pui.
> Ell'ha perduta la sua beatrice;

---

[4] Questi "peregrini" del capitolo XL che si recano a contemplare il velo della Veronica, hanno originato molte discussioni relative alla data di composizione della *Vita Nuova*, perché s'è visto in qu'est'episodio un accenno al giubileo del 1300.

Nel suo articolo "Per la data della *Vita Nuova* e non per essa soltanto," Pio Rajna dimostra che l'accenno ai pellegrini che si recavano in pellegrinaggio a contemplare quell'immagine sacra, non v'è accenno al giubileo del 1300. Allusione al giubileo già negata dal Todeschini, dal Giuliani e dal Fornaciari, e infine dal D'Ovidio, laddove vi vede un'allusione il D'Ancona (*Giornale storico della letteratura italiana*, 6 [1885], 113-56).

e le parole ch'om di lei pò dire
hanno vertú di far piangere altrui.
(V.N., cap. XL, son. XXIV)

Il nome di Beatrice che nel secondo capitolo veniva introdotto sottolineandone il significato essenziale, è qui ricondotto a quell'essenzialità originaria e spogliato di ogni significato formale.

Il sonetto "Oltre la spera che piú larga gira" riprende in senso letterale l'immagine del "peregrino", ché "peregrino" è qui lo spirito di Dante in quanto "è fuori de la sua patria" in quel cielo cui si è elevato per mirare la sua donna: la prospettiva celeste, come l'unica prospettiva da cui Beatrice può essere riguardata, ma non attingibile per la via dell'intelletto, è quella cui lo spirito di Dante s'è elevato. Elevarsi alla contemplazione della donna amata implica ora "intelligenza nova," nuova virtú intellettuale che solo Amore può ispirare.[5] In una "mirabile visione," ch'è la terza visione della

---

[5] Gli ultimi capitoli della *Vita Nuova* hanno condizionato in qualche modo per gran parte dei critici l'interpretazione dell'episodio della 'donna gentile.' Essi rappresentano infatti il coronamento dell'opera, e qualunque sia il significato letterale o simbolico dato alla 'donna gentile,' si deve indubbiamente tener conto di questo finale dell'opera.

Il Pietrobono ch'è uno dei maggiori sostenitori della tesi del rifacimento della *Vita Nuova*, ritiene che la redazione finale dell'opera, completata senz'altro dopo il *Convivio*, sarebbe stata messa avanti, si può dire, come riepilogo d'una vicenda senz'altro piú lunga e inclusiva di quella di solito riconosciuta come argomento della *Vita Nuova* e implicherebbe innanzi tutto un ritorno al misticismo giovanile ispiratore dell'opera (vedi i capitoli finali), e un abbandono del razionalismo abbracciato da Dante dopo questa prima fase mistica giovanile ("Il rifacimento della *Vita Nuova* e le due fasi del pensiero dantesco," *Saggi danteschi*, op. cit., pp. 25-98).

Il Nardi invece interpreta gli ultimi capitoli della *Vita Nuova*, isolandone l'ultimo e dando un'interpretazione razionalistica al sonetto "Oltre la spera...," a cui si riferirebbe da ultimo l'autocitazione del *Convivio* (*Conv.*, II, ii, 1-5), la quale non si riferirebbe alla 'donna gentile' dei capitoli XXXV-XXXVIII della *Vita Nuova*, ma a quel passo del sonetto XXV ove si accenna al problema piú arduo della filosofia del tempo: "come cioè la mente umana conosca le sostanze separate da materia," motivo questo che ricompare nella canzone del *Convivio*, "Voi, che 'ntendendo..." Quindi nel penultimo capitolo della *Vita Nuova* si ragiona secondo il Nardi proprio del modo "come Dante, preso dalla gentilezza di questa donna, 'ad esser suo consentisse'" ("Dante e Guido Cavalcanti," *Giornale storico della letteratura italiana*, 139 [1962], 500).

Il capitolo finale della mirabile visione, in cui secondo il Nardi vien preannunciata la *Commedia*, sarebbe stato aggiunto piú tardi, mentre in realtà il pensiero del poeta al termine della sua opera giovanile era sopraffatto solo dalla filosofia (ibid., p. 501).

Vita Nuova, si dischiudono cose che destano nel poeta il proposito "di non dire piú di questa benedetta" finché non abbia raggiunto la possibilità di trattarne "piú degnamente." L'itinerario dell'animo di Dante s'è concluso, ma la sua conclusione non è l'attingimento d'una mèta, ma piuttosto l'allusione ad essa attraverso l'espediente d'una visione, visione cui solo si accenna senza svelarne il contenuto. Visione che non ha una funzione particolare nel contesto d'uno svolgimento ulteriore e che, contrariamente alle due precedenti sembra avere le caratteristiche d'una folgorazione:

> Appresso questo sonetto apparve a me una mirabile visione, ne la quale io vidi cose che mi fecero proporre di non dire piú di questa benedetta infino a tanto che io potesse piú degnamente trattare di lei. (V.N., cap. XLII, p. 141)

Bisogna tener presente che Nardi, avanzando la tesi del rifacimento della *Vita Nuova*, aveva sostenuto a suo tempo il passaggio da una concezione allegorica della 'donna gentile,' che sarebbe dovuta servire da preludio al *Convivio*, ad una concezione non allegorica, in cui sarebbero confluiti "tutti gli amori che via via avevano sedotto in diversi momenti il suo animo assetato di amore e di canto, e sui quali l'amore per Beatrice aveva finito per trionfare" (*Nel mondo di Dante*, op. cit., p. 19). L'interpretazione offerta da Nardi nel suo saggio "Dante e Guido Cavalcanti" sembra difficilmente conciliabile con l'interpretazione a sua volta sostenuta negli studi contenuti nelle due opere precedenti: *Nel mondo di Dante* (1944) e *Dante e la cultura medievale* (1949).

Capitolo XII

ALCUNE CONSIDERAZIONI CONCLUSIVE SULLA *VITA NUOVA* E SULL'INSERIRSI DELL'EPISODIO DELLA 'DONNA GENTILE' NELLA DINAMICA DELLA NARRAZIONE

L'immagine dei pellegrini che viene introdotta nel capitolo XL della *Vita Nuova* è immagine che si proietta sull'animo stesso di Dante, che qui alla chiusura della sua opera ancora si presenta come pellegrino, sia pure pellegrino rispetto ad una mèta altissima: se "quella imagine benedetta la quale Iesu Cristo lasciò a noi per essemplo de la sua bellissima figura," è la mèta perseguita dai pellegrini descritti dal poeta, Beatrice, la donna "per essemplo" di cui "bieltà si prova," è quella mèta che ora rende Dante pellegrino in quel senso piú largo da lui indicato nello stesso capitolo. Dante ha perduto "la sua beatrice," la quale sottraendosi al godimento degli occhi s'è mutata in quella "gloriosa donna de la mia mente" la cui immagine dominava l'inizio della narrazione: la narrazione si chiude col riapparire di quell'immagine con cui si dischiudeva, ché Beatrice è il vertice glorioso della mente di Dante già all'inizio della *Vita Nuova*: "... quando a li miei occhi apparve prima la gloriosa donna de la mia mente." E in puro oggetto d'intelligenza, d' "intelligenza nova" che supera le possibilità dell'intelletto, s'è mutata ora al termine della vicenda narrata in quest'opera.

L'inizio conteneva già implicito l'epilogo e quel "gloriosa" indicava già l'appartenenza della donna al cielo: quel "Beatrice" che dalla sua funzione aggettivale veniva trasformato in nome nel secondo capitolo, viene inversamente privato delle prerogative di *nome proprio* nel sonetto XXIV. L'essenza beatificante di Beatrice, che si sostanzializzava e diventava persona oggetto di godimento per "li spiriti del viso" in quel secondo capitolo, ritorna alla sua essenzialità originaria una volta che Dante ha perduto la sua donna. Ma una volta ch'ella è divenuta quella "spirital bellezza grande" di cui si parla nelle due stanze di canzone del capitolo XXXIII, il "piacere de la sua bieltate" s'è sottratto al godimento d'una vista mortale: solo gli angeli possono goderla, recandone essi stessi meraviglia.

La vicenda dell'amore di Dante per Beatrice, creatura terrena, è vicenda legata all'organo della vista: gli occhi sono il tramite attraverso cui la splendida immagine della donna si rivela e s'impone all'amante, e come immagine visiva s'impone già in quel secondo capitolo, pur essenzializzando nel visivo la pregnanza del suo significato spirituale. La bellezza come tramite allo spirituale è la via per cui il poeta ad esso si congiunge: e degli occhi essa rappresenta la "beatitudo." Tale bellezza è quella che sopravvive nelle sue radici sensibili pur nell'altissima spiritualizzazione della donna celebrata nella prima canzone. Questa bellezza spiritualizzata ma tuttavia oggetto della vista, domina la poesia della "loda:"

> Tanto gentile e tanto onesta pare
> la donna mia quand'ella altrui saluta,
> . . . .
> Mostrasi sí piacente a chi la mira,
> che dà per li occhi una dolcezza al core,
> che 'ntender no la può chi no la prova;
> e par che de la sua labbia si mova
> un spirito soave pien d'amore,
> che va dicendo a l'anima: Sospira.
>
> (V.N., cap. XXVI, son. XV)

> Vede perfettamente onne salute
> chi la mia donna tra le donne vede;
> . . . .
> E sua bieltate è di tanta vertute
> che nulla invidia a l'altre ne procede,
> . . . .
> La vista sua fa onne cosa umile;
> e non fa sola sé parer piacente,
> ma ciascuna per lei riceve onore.
>
> (V.N., cap. XXVI, son. XVI)

Questa è la "bieltate" di cui si parla in "Amore e 'l cor gentil," quella "bieltate" che è nel sonetto come trascendentalizzata e sopravveniente dall'esterno in quella donna che desterà nel cuore dell'amante "un disio de la cosa piacente," disio che "tanto dura talora in costui, / che fa svegliar lo spirito d'Amore" (V.N., capitolo XX, son. X).

Questa funzione della bellezza nel risvegliare "lo spirito d'Amore" è funzione che Dante pone in evidenza, e che non era stata sottolineata nella stessa misura da quel saggio cui egli si rifà nel sonetto.

La bellezza come oggetto della vista è quella che con la morte di Beatrice vien meno, lasciando gli occhi privi della loro beatitudine: e a questi occhi nulla è rimasto se non il piangere, quel piangere cui è parallelo nel disfogare la tristezza dell'anima l'esprimerla con parole dolorose. Gli occhi sono incapaci di adeguarsi col loro pianto al dolore e allo smarrimento causati dalla scomparsa di quella bellezza, che per essere essa stessa allusiva ad una bellezza più alta, non può essere pianta solo attraverso il mezzo fisico delle lagrime. E gli occhi s'identificano con quell'organo fisico della vista, ch'è stato tuttavia il primo tramite attraverso cui Bellezza ha agito sull'animo di Dante.

Questo minimo sostegno sensibile d'un amore altamente spiritualizzato sopravvive nel corso della vicenda di Dante, e viene superato solo al termine della *Vita Nuova* nel capitolo XXXIX: ma se superamento v'è, è superamento che non implica raggiungimento d'una mèta cui solo si allude poeticamente nel sonetto "Oltre la spera," e nel capitolo XLII attraverso l'accenno a quella "mirabile visione" che rimane chiusa nella sua inespressa enigmaticità. Stavolta l'enigmaticità deriva alla visione dal non averne di proposito parlato, e dall'averla additata semmai come vertice che è per il momento al di là delle possibilità espressive del poeta. Se le due precedenti visioni avevano avuto una funzione nel contesto dell'esperienza che aveva trovato espressione nella *Vita Nuova*, tale visione allude ad una nuova vicenda, che richiederà nuovi mezzi espressivi.

E se ora a ritroso volgiamo lo sguardo al capitolo XXXV di questa storia, non avvertiamo più discontinuità o incongruenze narrative, ma solo il proseguire d'una vicenda, che dopo la scomparsa di Beatrice è diventata essenzialmente *vicenda degli occhi*, cui è stata sottratta la loro beatitudine. La donna non è più presente come beatitudine degli occhi e la sua funzione mediatrice sembra esaurita, se l'espressione disperata del dolore e l'invocazione della morte son l'unica risposta alla sua assenza. Questi occhi, che non sembrano trovar limite all'espressione del proprio dolore, saranno il tramite ora ad una nuova vicenda, ché infatti agli occhi è tutta affidata la vicenda di quella "gentile donna giovane e bella molto, la quale da una finestra" lo "riguardava sí pietosamente, quanto a la vista, che tutta la pietà parea in lei accolta" (V.N., cap. XXXV, p. 122). Gli occhi che sono stati l'origine sensibile dello svolgersi di un amore destinato a raggiungere un alto grado di spiritualizzazione, divengono i protagonisti incontrastati di questa nuova vicenda, in cui la visione della donna, ricercata dagli occhi del poeta, è a sua volta ispiratrice d'un pianto consolatore, in cui essi occhi "si muovono a lagrimare, quasi come di sé stessi avendo pietade" (V.N., cap. XXXV, p. 122).

La gran parte che gli occhi hanno in quest'episodio compreso nei capitoli XXXV-XXXVIII, ci conferma nella nostra interpretazione, già precedentemente espressa. Particolari di stile narrativo, elementi contenutistici ed infine il riconnettersi dell'episodio ad uno dei fili fondamentali dell'esperienza narrata nella *Vita Nuova* confluiscono nel nostro punto di vista relativo ad un'unità fondamentale dell'opera, in cui l'episodio della 'donna gentile' s'inserisce senza discontinuità fondamentali, o perlomeno senza soluzioni di continuità che non possano essere spiegate attraverso una lettura ed un'interpretazione attenta del testo.

Gli occhi attraverso cui la bellezza di Beatrice ha dapprima agito sull'animo di Dante, son rimasti come privi del loro oggetto dopo la morte della donna; privati della funzione di contemplatori della Bellezza, ciò che ad essi resta è solo il pianto disperato e senza limiti attraverso cui cercano uno sfogo al dolore del poeta. La loro vicenda è vicenda sensibile, come sensibile era la base ch'essi offrivano all'amore di cui eran stati origine. Non v'è da stupirsi se questi occhi che attraverso la visione di Beatrice avevano conservato all'amore di Dante un fondo sensibile, diventano dopo la sua scomparsa il tramite ad una nuova vicenda che negli occhi ha origine. Gli occhi son stati un mezzo fisico nello sfogo del dolore causato dalla morte della donna, e a tale sfogo si son mostrati inadeguati per la loro stessa natura: i sospiri si sono uniti al pianto nell'espressione di quel dolore che avrebbe altrimenti trovato il suo limite nella morte: "... e s'e' [i sospiri] non fosser, di dolor morrei..." (V.N., cap. XXXII, son. XVII). Questi occhi per la loro stessa natura e per la funzione che in essi s'incarna, ed anche per l'incapacità di dare un'espressione compiuta ad un dolore spirituale, pur nel dolore son ricondotti a quella funzione contemplatrice ch'è loro propria: e, come in un trapasso, si volgono dapprima alla contemplazione di quel dolore ch'essi stessi cercano d'esprimere, dolore che adesso vedono obiettivato in un'immagine di donna, "gentile ... giovane e bella molto." Quel dolore ch'era dapprima solo fonte di pianto disperato, è come allontanato ed obiettivato attraverso il suo rispecchiarsi in questa figura di donna, ed è ora esso stesso l'avvio ad una nuova vicenda, che prosegue muovendo da quell'origine sensibile da cui lo stesso amore per Beatrice s'era originato.

L'episodio della 'donna gentile' svolge senza soluzioni di continuità la narrazione delle vicende dell'animo giovanile di Dante, ma è episodio che si riconnette all'aspetto sensibile di quelle vicende e quelle prosegue nel senso d'uno svolgimento inessenziale. E come tale è denunciato da Dante nel capitolo XXXIX: contro questo "gentil pensero" si leva la *ragione*, che aveva sostanziato le fasi precedenti della narrazione, e il ritorno alla prima immagine di Beatrice è ritorno all'essenzialità della storia. Ma questa inessenzialità del narrare di cui siamo stati testimoni è stata *inessenzialità essenziale,* passo necessario al raggiungimento d'un traguardo,[1] ch'era quello della vittoria sugli occhi, quell'organo della

---

[1] Allo stesso modo, passo necessario al raggiungimento d'un traguardo era stato all'inizio della *Vita Nuova* (capitoli V-VIII) il peregrinare dell'Amore di Dante sotto vesti inautentiche. Era un' "imaginazione" quella che nel capitolo IX serviva da epilogo a questo peregrinare di Amore, riconducendo il poeta attraverso una sorta di autocoscienza immaginativa all'essenzialità del significato della sua mèta.

Cosí si potrebbe dire che anche questi capitoli XXXV-XXXVIII, quasi specularmente situati nel contesto dell'opera rispetto ai capitoli V-VIII, siano espressione d'un peregrinare d'Amore, che è ormai un peregrinare di Dante stesso, peregrinare cui serve da epilogo un' "imaginazione," la "forte imaginazione" che "si levoe" nella mente di Dante contro quell' "avversario de la ragione" che s'era lasciato sopraffare dalla passione.

V'è indubbiamente una rispondenza spirituale tra il significato dei capitoli V-VIII e il significato dei capitoli XXXV-XXXVIII, l'uno e l'altro adombrati nell'immagine d'un peregrinare lontano dalla mèta; e v'è una rispondenza di collocazione nel contesto della *Vita Nuova;* ed infine una rispondenza di epiloghi entrambi esprimentesi nell'essenzialità del loro significato attraverso un' "imaginazione."

vista che, prima sorgente della contemplazione della bellezza della donna, era sopravvissuto a quel processo di spiritualizzazione d'un amore, che avevamo visto culminare nel capitolo XXIII della *Vita Nuova*.

> Lasso per forza di molti sospiri,
> che nascon de' penser che son nel core,
> li occhi son vinti, e non hanno valore
> di riguardar persona che li miri.
> (V.N., cap. XXXIX, son. XXIII)

"... li occhi son vinti ..." e Dante è ormai "peregrino" che non ha piú la sua mèta in terra, e che a questa mèta può alludere solo attraverso il riferimento ad un' "intelligenza nova" o attraverso l'espediente della visione.

In questo sguardo conclusivo e retrospettivo siamo condotti a riconoscere alla *Vita Nuova* un'unità fondamentale, che è unità rilevabile attraverso un'analisi attenta del testo e che non richiede criteri interpretativi estrinseci.[2] Quale unità migliore di quella che emerge dalla complessità stessa dell'opera, ch'è complessità di stile e di contenuto? Non è mia intenzione negare l'esistenza di problemi interpretativi nella lettura dell'opera, ché anzi essi esistono e destano perplessità iniziali non trascurabili. Ma la coerenza artistica dell'opera si rivela nella possibilità d'una lettura circolare della stessa, poiché dalla fine siamo ricondotti all'inizio e la narrazione

---

Queste considerazioni illuminano maggiormente, secondo me, il significato e la funzione dell'episodio della 'donna gentile' nel contesto artistico in cui è inserito.

[2] Il riconoscere un'unità fondamentale alle radici dell'opera da me analizzata significa assumere un atteggiamento ben definito rispetto ad alcuni problemi di carattere cronologico relativi alla *Vita Nuova*, problemi che son tutti conseguenti a punti di vista che implicitamente negano all'opera una sua unità essenziale. Tale è il punto di vista del rifacimento della *Vita Nuova*, che implica il sovrapporsi di significati nuovi su un materiale vecchio e che ovviamente reca seco nuovi problemi di carattere cronologico relativamente alla composizione dell'opera. Il rifiutare un siffatto punto di vista significa anche lasciar da parte tali problemi.

Sostenitore dell'unità della *Vita Nuova* in base alla struttura architettonica del libello è il Santangelo, che non accetta assolutamente l'idea che Dante "possa aver composto gli ultimi capitoli dell'operetta a distanza di tempo, nel 1300, o dopo ancora ..." (op. cit., p. 27).

Riconoscendo all'opera un'unità essenziale, non riteniamo di aver eliminato o in qualche modo risolto il problema della datazione della stessa, ma di averne perlomeno evitato un'ulteriore problematizzazione.

successiva è illuminante ed integrante rispetto alla precedente. Possibilità di lettura circolare che ha le sue radici nell'unità di concezione dell'autore e che viene come concentrata e suggerita piú apertamente dalla tecnica narrativa della visione. Poiché la visione è anticipazione o piuttosto essenzializzazione di un'esperienza, il cui significato viene enigmaticamente anticipato.

Il fatto che la *Vita Nuova* si chiuda con una visione è esso stesso significante in quanto tale visione, che dovrebbe essa stessa anticipatrice di un'esperienza, non è palesata in alcun modo; l'unica specificazione relativa ad essa è quella data dall'aggettivo "mirabile," a cui si aggiunge il proposito, ispirato nel poeta dalla stessa, "di non dire piú di questa benedetta infino a tanto che io potesse piú degnamente trattare di lei." In questo senso l'itinerario della *Vita Nuova* è itinerario non chiuso, che si dischiude e cede il passo a nuove possibili esperienze. Non definendo ulteriormente il carattere di queste esperienze, manteniamo ad esse il loro carattere piú ampio, tenendo presente però che si tratta di esperienze che cercheranno la via dell'espressione artistica.

La significatività dell'esperienza descritta da quell'itinerario ch'è alle radici della *Vita Nuova* è parallela alla sua compiutezza, e l'apertura finale verso nuove esperienze, ch'è implicita nell'allusione relativa alla "mirabile visione," non implica inconcludenza dell'itinerario descritto, ma caratterizza tale itinerario, che è itinerario ispirato da quell'Amore seguendo la cui ispirazione Dante s'è evoluto spiritualmente ed artisticamente. Il fermento spirituale che è alle radici dell'opera, ne ha ispirato lo stile e tale fermento è fermento che sopravvive ad un'espressione artisticamente compiuta: ché se tale esperienza artistica nella *Vita Nuova* può eventualmente suggerire l'idea d'un itinerario mistico, è solo per quegli elementi che una tradizione culturale ha fatto confluire nell'opera di Dante.

L'Amore di Dante nella *Vita Nuova* è un fatto complesso artisticamente e spiritualmente ed è ben lontano dall'estasi mistica. E' curioso notare che le implicazioni stilistiche del concetto di Amore nella *Vita Nuova* sono di solito ignorate, laddove son messe in evidenza dallo stesso poeta rispetto alla *Vita Nuova* in quel contesto del *Purgatorio* in cui le implicazioni di Amore sono essenzialmente spirituali. Ma è la pregnanza del significato spirituale oltre che stilistico del concetto di Amore che induce Dante "peregrino" nella seconda cantica a rifarsi a quell'opera giovanile, la cui validità e persistenza di legami con l'opera presente induce l'autore della *Commedia* a riconnettersi idealmente ad essa.

L'itinerario spirituale di cui siamo stati testimoni nella *Vita Nuova* è, come già si è detto altrove, *itinerario aperto*: è itinerario aperto e da un punto di vista stilistico e da un punto di vista spirituale, precisando però che una distinzione siffatta è possibile solo a posteriori. La mèta del processo di svolgimento spirituale descritto nell'opera è mèta non terrena e come tale inattingibile. L'inattingibilità della mèta contrasta con l'origine terrena di tale processo, che una volta che sembra aver attinto il suo vertice, rivela ancora la sua origine sensibile e i suoi profondi legami con essa. La necessità di contemplazione della bellezza, ch'è pur bellezza terrena, si rivela in quello smarrimento che segue al dolore profondo causato dalla morte della donna: la morte della donna, che ha privato l'amante del godimento visivo della sua bellezza, ha eliminato di fatto gli ultimi legami terreni di quest'amore. In questo senso, e cioè da un punto di vista letterale, l'evento della morte di Beatrice si può considerare conclusivo rispetto all'itinerario dell'amore di Dante.

L'anticipazione dell'esperienza della morte nel capitolo XXIII e nella canzone "Donna pietosa" sembrava aver eliminato gli ultimi legami terreni di quest'amore attraverso il raggiungimento di un'accezione spiritualizzata della morte, ma è solo attraverso l'esperienza individuata della morte che Dante si pone sulla via di un'esperienza stavolta individualissima, che è quella di un dolore e di uno smarrimento personali, che si rivelano però necessario complemento di quell'itinerario che sembrava conchiuso. La vittoria sugli occhi, che rappresentavano l'ultimo legame sensibile nell'amore di Dante per Beatrice, è frutto di quest'esperienza individualissima, che proprio nella sua irripetibilità e nella sua non necessità è stata considerata spesso un'intrusione in quella linea necessaria di eventi che sembrava sostanziare l'opera. Ed è il carattere occasionale di quest'esperienza, che rende problematica per gran parte dei critici l'interpretazione di questa parte dell'opera. Ma è la necessità, che si può rilevare a posteriori in questa parte della narrazione, che rivela la coerenza artistica d'uno stile che ricorre alla solennità del latino per adeguarsi all'altezza della verità espressa, ma che non rifugge dal distendersi in un tono discorsivo là dove è richiesto dall'occasionalità di eventi, che pur hanno nel contesto narrativo una loro intrinseca ragione di essere.

La morte di Beatrice e il dolore e lo smarrimento da essa causati, hanno un significato loro individualissimo nella dinamica della narrazione: significato che è distinto da quello dell'esperienza della morte anticipata nel capitolo XXIII. Tale esperienza aveva infatti portato Dante al culmine di quell'itinerario su cui era stato posto da Amore: non per nulla l'Amore pedagogo di cui il poeta s'era servito come espediente retorico, scompariva dopo il capitolo XXIV.

La morte oggetto di considerazione nel capitolo XXIII e nella canzone "Donna pietosa," era la morte considerata nell'astrazione di un farneticare sia pur riferentesi alla persona di Beatrice, era la morte la cui esperienza si presentava come passo necessario nell'adeguazione ad un concetto piú alto di Amore. Ma non era la morte individuantesi nel termine fisico di un'esistenza particolare: era solo anticipazione riflessivo-esistenziale di un'esperienza.

La morte di Beatrice nella sua unicità e irripetibilità è morte di cui Dante non parla, è cioè un evento irreversibile e un'esperienza priva di quella normatività che aveva contrassegnato le esperienze e tappe fondamentali dell'itinerario di Amore. La vittoria sugli occhi che è epilogo allo smarrimento del poeta è frutto d'un corso accidentale di eventi, ma di un corso il cui evento iniziale è la morte della donna amata. Tale vittoria, pur presentandosi da ultimo come tappa necessaria di un itinerario individuale, non rappresenta raggiungimento d'una mèta. Come ho già detto in precedenza, alla fine della *Vita Nuova* non v'è chiusura d'un itinerario ma solo allusione alla sua mèta. In questo senso l'itinerario descritto è itinerario aperto da un punto di vista spirituale e da un punto di vista stilistico, perché la disponibilità per nuove esperienze spirituali è nel contesto della *Vita Nuova* disponibilità per nuove esperienze stilistiche.

CONCLUSIONE

Nel corso di questo studio della *Vita Nuova* mi son trovata di fronte ad una grande quantità di problemi che si potrebbero ulteriormente svolgere ed approfondire in studi particolari, i quali dal mio punto di vista sono secondari rispetto ad un'interpretazione preliminare dell'opera, che ne intenda l'unità, se tale unità esiste.

Il mio punto di vista in proposito è che la *Vita Nuova* rispecchi un'esperienza complessa ed unitaria da un punto di vista artistico e contenutistico: distinzione quest'ultima che ha solo un significato metodologico in rapporto alla mia affermazione. Distinguere infatti l'esperienza artistica e l'esperienza umana che sostanzia il contenuto dell'opera significa disconoscere le implicazioni stilistiche dell'esperienza spirituale e le implicazioni spirituali dell'esperienza stilistica dantesca. Dante ci ha dato un suggerimento interpretativo nel XXIV del *Purgatorio*:

> ... "I' mi son un, che quando
> Amor mi spira, noto, e a quel modo
> ch'e' ditta dentro vo significando."

L'accettare il suggerimento che ci viene dai versi del *Purgatorio* non implica un'applicazione estrinseca di esso nell'interpretazione dell'opera dantesca: tale applicazione sarebbe in ogni caso ingenua, ma lo sarebbe tanto piú, se ciò che Dante afferma riguardo all'ispirazione poetica che lo guida nella creazione artistica, venisse accettato indipendentemente da un inveramento di esso nell'ambito della sua creazione.

CONCLUSIONE

Il riferimento di Bonagiunta alla prima canzone della *Vita Nuova* nel contesto in cui è inserito ha il significato particolare di indicarci un esempio mirabile di stile, che Dante aveva già perseguito, ma non necessariamente attuato nella sua opera giovanile. Ché è soprattutto all'elaborarsi d'uno stile che assistiamo in essa, elaborarsi di uno stile in cui elementi riflessivi e poetici non sempre risultano amalgamati in unità stilistica. Come contribuisce d'altronde a dare l'impressione generica di amalgama il confluire di passi prosastici e poetici, i quali ultimi sono assunti nel contesto in cui vengono inseriti arricchendosi d'una nuova significatività attraverso il potenziamento d'un linguaggio poetico preesistente.

L'unità fondamentale che son giunta a scorgere attraverso la mia analisi della *Vita Nuova*, non è unità definibile come unità stilistica, ma piuttosto come unità di un'esperienza che si definisce come esperienza già filtrata e riflessivamente interpretata dall'autore. Non si tratta cioè dell'espressione narrativa di un'esperienza ordinaria, ma di un'esperienza che viene assunta ad oggetto d'espressione in quanto interpretata ed animata quindi da una significatività che n'è la base e allo stesso tempo la sovrasta. Il fatto che oggetto della narrazione sia un'esperienza già interpretata, e quindi carica di significato, si riflette nella stessa tecnica artistica adottata dall'autore che nel creare la sua opera *interpreta* componimenti poetici preesistenti.

Il contenuto è fermento all'adozione o piuttosto alla creazione dello stile, ch'è stile ineguale proprio perché estremamente teso nel tentativo d'adeguazione all'oggetto espresso. L'uso del latino nel contesto della *Vita Nuova* risponde a questo continuo tentativo d'adeguazione al livello del contenuto espresso. Come pure elementi della cultura tradizionale rientrano nell'opera per la potenziata capacità espressiva ad essi conferita da una determinata tradizione. L'importanza attribuita da Dante a determinati numeri nel contesto della vicenda, deriva dalla pregnanza di significato di cui essi erano tradizionalmente ricchi.

Rifarci a quell'esempio mirabile dato dalla canzone "Donne ch'avete intelletto d'amore," cui Bonagiunta si riferisce nel suo colloquio con Dante, significa richiamare alla mente del lettore il modello d'un linguaggio ch'è nuovo ed antico rispetto alla tradizione, e d'un linguaggio ch'è profondamente consapevole. La stessa adozione d'una prospettiva celeste nella seconda stanza della canzone risponde, come già ho sottolineato in precedenza, ad una funzione significante, perché nel contesto della canzone, la prospettiva celeste è quella prospettiva particolare che sola si rivela adeguata ad una considerazione diretta del valore della donna amata. Gli elementi tradizionali riassunti nell'ambito di questo dialogo in cielo, pur ripresi dal poeta nel loro valore espressivo tradizionale, vedono la loro originaria pregnanza di significato asservita ad una nuova funzione espressiva. "Madonna" non è la donna guinizzelliana che "tenne d'angel sembianza," ma è colei per la cui mancanza il cielo è in *difetto*: è colei di cui il cielo sente la privazione. Madonna è colei intorno a cui si struttura, nei versi finali della seconda stanza della canzone, un significato particolarissimo di paradiso e d'inferno. Ella è "la speranza de' beati," e ciò di cui saranno eternamente privi coloro che non ebbero l'occasione temporale ("mal nati") di godere l'influsso gratificante della sua bellezza e della sua parola. Se il cielo è qui invocato, lo è in funzione della donna e per esprimere l'altezza della donna, e se l'inferno stesso è evocato, è evocato quale immagine potente che suggerirà quel senso di privazione profonda causato nell'animo del poeta dalla morte temporale della donna: "... alcun che perder lei s'attende, / e che dirà ne lo inferno ..."

L'idea poetica dell'inferno e del paradiso, è già potentemente presente nell'animo di Dante, e questi particolari di linguaggio da noi rilevati, lo sottolineano. Ma è ancora ben lontana dall'idea della *Commedia*, come del resto questi particolari linguistici non implicano nessun riferimento determinato ad un disegno del poema. Né v'è alcun riferimento al poema al termine della *Vita Nuova*. Ma quale rispondenza sostanziale, ben piú profonda di qualsiasi esplicito riferimento ad un piano estrinseco dell'opera, ci è possibile scorgere attraverso una comprensione approfondita della *Vita Nuova*. Ché l'inferno e il paradiso, e lo stesso purgatorio, sono concetti chiave nell'animo di Dante uomo e poeta: e lo sono già nella *Vita Nuova*. Lo sono in nuce e in forma di esperienze piú individuali e personalizzate, ma animate e connesse da un medesimo fermento: Amore è il fermento animatore della *Vita Nuova* e lo è della *Commedia*.

Itinerario d'Amore è quello che abbiamo seguito nella *Vita Nuova*, ma è l'itinerario d'un amore complesso e che rivela molteplici volti nel corso della vicenda: è Amore nella pienezza del suo significato fisico, quello che appare nei primi capitoli come potenza sconvolgente, che incute paura e letizia, quell'Amore di cui Dante allegoricamente nella prima visione esprime l'angoscia spirituale che è ad esso connessa, sintetizzandola in particolari di linguaggio ("dubitosamente") e di azione: quell' "amarissimo pianto" in cui si converte la "tanta letizia" di Amore.

E in quell'angoscia della donna che "dubitosamente" mangia il cuore dell'amante, si rispecchia l'angoscia del poeta, che nell'identificazione di Amore con Amore fisico spiritualmente vive un'esperienza di chiusura e di mutilazione spirituale, ch'è esperienza d'*inferno* contemplato nella sua possibilità. Non per nulla l'amore di Dante per Beatrice non ha nulla in comune con l'amore di Francesca per Paolo, eccetto che in questa originaria possibilità, possibilità ch'è premessa iniziale dell'opera giovanile. Ma forse in quest'esperienza personalissima della letizia e dell'angoscia spirituale connesse all'amore fisico, è la radice della bellissima immagine di Francesca, ch'è tuttavia immagine d'inferno.

Vedere in nuce nella *Vita Nuova* le idee di inferno, di purgatorio e di paradiso, non significa asservire il significato dell'opera alla *Commedia*, ma significa penetrare piú a fondo in quella ch'è stata la dinamica evolutiva dell'animo dantesco. Se infatti non si vuol parlare d'inferno nella *Vita Nuova* eccetto che quando Dante stesso usa il termine, possiamo senz'altro parlare di morte spirituale: ma il concetto di morte spirituale è concetto che implica l'idea dell'inferno, e tanto piú per Dante, uomo del Medioevo. Che l'idea di morte spirituale, sia l'idea dominante dell'opera giovanile, non è affatto vero, ma è sempre la possibilità originaria da cui muove l'itinerario di Amore. Itinerario che si muove attraverso fasi individualizzate nell'esperienza personale di Dante, ma che ha in sé una propria normatività: ma proprio perché intimamente fuso con l'esperienza personale dell'autore, non è itinerario che possa assurgere ad un livello di necessità razionale.

Se abbiamo affermato apparentemente a priori che l'idea stessa di purgatorio è concetto chiave dell'animo di Dante già all'epoca della composizione della *Vita Nuova*, è perché tale idea è secondo noi nel suo significato piú pregnante e lontano da implicazioni di carattere strettamente confessionale, l'idea-base del concetto di *itinerario*. Come del resto non è assente nel corso di tale itinerario l'immagine, diremo *purgatoriale*, di "peregrino." Immagine ben cara a Dante in quest'opera giovanile: e di essa abbiam visto la ricchezza di significato nel corso della nostra analisi. Il paradiso rimane nella *Vita Nuova* come mèta non attinta, parallela all'immagine della donna completamente spiritualizzata: immagine che pur in vita aveva suggerito a Dante un'idea di paradiso, ridefinito nell'ambito dell'esperienza catalizzante del suo amore per Beatrice.

BIBLIOGRAFIA GENERALE SULLA *VITA NUOVA*

Edizioni:

Alighieri, Dante. "Sonetti e canzoni di Dante Alighieri ne la sua *Vita Nuova.*" *Sonetti e canzoni di diversi antichi autori toscani in dieci libri raccolte.* Libro I. Firenze: Giunta, 1527.
— *Vita Nuova di Dante Alighieri. Con XV canzoni del medesimo. E la vita di esso Dante scritta da Giovanni Boccaccio.* Firenze: B. Sermartelli, 1576.
— *La Vita Nuova.* Secondo la lezione di un codice inedito. Pesaro, 1829.
— *La Vita Nuova di Dante.* Ed. A. Agresti. 2a. ed. Torino-Roma: Roux e Viagengo, 1903.
— *La Vita Nuova.* Ed. M. Barbi. Milano: Hoepli, 1907.
— *La Vita Nuova di Dante Alighieri.* Ed. M. Barbi. Edizione critica. Firenze: Bemporad, 1932.
— *Rime della Vita Nuova e della giovinezza.* Ed. M. Barbi e F. Maggini. Firenze: Le Monnier, 1956.
— *La Vita Nuova.* Ed. F. Beck. München, 1896; rist. in *Biblioteca Romanica.* 40, Strasbourg, 1907.
— *La Vita Nuova e il Canzoniere.* Intr. e note di L. di Benedetto. Torino: U.T.E.T., 1928.
— *La Vita Nuova.* Ed. A.M. Biscioni. Firenze, 1723.
— *La Vita Nuova.* Commento di T. Casini, a cura di L. Pietrobono. 3a. ed. Firenze: Sansoni, 1964.
— *La Vita Nuova.* Ed. T. Casini. Nuova presentazione di C. Segre. 1885; rist. Firenze: Sansoni, 1962.
— *La Vita Nuova.* Ed. G.A. Cesareo. Messina, 1914.
— *La Vita Nuova e le Rime.* Ed. F. Chiappelli. Milano: Mursia, 1965.
— *La Vita Nuova. Il Convivio. Le Rime.* Pref. e comm. di E. Colesanti. Roma: Cremonese, 1956.
— *La Vita Nuova di Dante.* Ed. A. D'Ancona. Pisa: Libreria Galileo già ff. Nistri, 1884.
— *La Vita Nuova.* Ed. G. Federzoni. Bologna, 1910.
— *La Vita Nuova.* Ed. F. Flamini. *Le Opere minori di Dante Alighieri.* Livorno, 1910.
— *La Vita Nuova.* Ed. P. Fraticelli. *Opere minori di Dante Alighieri.* 3 voll. Firenze, 1834-40; rist. 1857.

Alighieri, Dante. *La Vita Nuova*. Ed. A. Fusai. Palermo: Palumbo, 1953.
— *La Vita Nuova e il Canzoniere*. Ed. G. Giuliani. Firenze: Le Monnier, 1868.
— *La Vita Nuova*. Ed. A. Gotti. Firenze, 1885.
— *La Vita Nuova*. Ed. Guerri. Firenze: Perrella, 1921.
— *Vita Nuova*. Prefazione di G. Manacorda. Raccolta nazionale dei classici diretta da Giovanni Papini. Firenze: Rinascimento del libro, 1928.
— *La Vita Nuova*. Ed. K. McKenzie. Boston: D.C. Heath & Co., 1922.
— *La Vita Nuova*. Ed. G. Melodia, 1905; rist. Milano: Vallardi, 1925.
— *La Vita Nuova*. Ed. E. Moore. *Tutte le opere di Dante Alighieri*. Oxford, 1894.
— *La Vita Nuova*. Ed. G.L. Passerini. Palermo: Sandron, 1919.
— *La Vita Nuova e le Rime*. Ed. M. Pazzaglia. Bologna: Zanichelli, 1965.
— *La Vita Nuova di Dante Alighieri*. Ed. L. Pizzo. Venezia: Tip. Antonelli, 1865.
— *La Vita Nuova*. Illustrata dei quadri di D.G. Rossetti. Torino: Sten editrice, 1921.
— *La Vita Nuova*. Ed. L. Russo. Messina: Casa ed. D'Anna, 1956.
— *La Vita Nuova*. Prefazione di E. Sanguineti. Milano: Lerici, 1965.
— *La Vita Nuova*. Ed. N. Sapegno. Firenze: Vallecchi, 1957.
— *Vita Nuova - Canzoniere*. Ed. M. Scherillo. 2a. ed. Milano: Hoepli, 1921.
— *La Vita Nuova*. Ed. A. Torri. Livorno, 1843.
— *La Vita Nuova*. Ed. Trivulzio, Monti e Maggi. Milano, 1827.
— *La Vita Nuova*. Ed. C. Witte. Leipzig, 1876.

Alcune traduzioni della Vita Nuova:

Alighieri, Dante. *The Vita Nuova and Canzoniere*. Temple Classics. London: Dent, 1948.
— *The New Life*. Trans. W. Anderson. Baltimore: Penguin Books, 1964.
— *The Vita Nuova; or, New Life*. Trans. F. De Mey. London: G. Bell, 1902.
— *Vita Nuova*. Trans. Ralph Waldo Emerson. Ed. J. Chesley Matthews. Chapel Hill: Univ. of North Carolina Press, 1960.
— *La Vita Nuova*. Trans. J. Garrow. Florence, 1846.
— *Das neue Leben*. Nachdichtung von K. E. Meurer. Heidelberg: H. Meister, 1946.
— *The 'Divine Comedy' and 'La Vita Nuova' complete*. Selections on politics and language, Rhymes and Epistles. Ed. P. Milano. New York: Viking Press, 1963.
— *La Vita Nuova*. Trans. M. Musa. 1957; rpt. Bloomington: Indiana University Press, 1962.
— *The New Life of Dante Alighieri*. Trans. C.E. Norton. Boston: Houghton, Mifflin, 1895.
— *Vita Nuova*. Trans. A. Pézard. Paris, 1953.
— *La Vita Nuova. Poems of Youth*. Trans. B. Reynolds. Penguin Books, 1969.
— *The New Life of Dante Alighieri*. Trans. D.G. Rossetti. Portland: T.B. Mosher, 1905.

Studi critici e fonti:

Allulli, R. *Lo spirito francescano nella Vita Nuova di Dante*. Milano: Maratelli, 1921.
Auerbach, E. *Dante, Poet of the Secular World*. Chicago: University of Chicago Press, 1961.
— *Studi su Dante*. Milano: Feltrinelli, 1967.
Azzolina, L. *Il dolce stil nuovo*. Palermo, 1903.
— "Dante e i fedeli d'Amore." *Convivium*, 2, No. 6 (1930), 801-831.
— "La *Vita Nuova* e la *Commedia*." *Studi critici in onore di G.A. Cesareo*. Palermo: Priulla, 1924.

Baldwin, G.E. *The New Beatrice, or The Virtue that Counsels. A Study in Dante.* 1928; rpt. New York: Ams Press, Inc., 1966.
Barbi, M. "Ricovrai la vista de la mia donna" (*Vita Nuova*, XXXVIII, I). *Studi danteschi,* 3 (1921), 139-145.
— *Dante, vita opere e fortuna.* Firenze: Sansoni, 1952.
— Recensione dell'opera di J. E. Shaw: *Essays on the Vita Nuova. Studi danteschi,* 15 (1931), 111-116.
— "Razionalismo e misticismo in Dante." *Studi danteschi,* 17 (1933), 5-44; 21 (1937), 5-92.
— *Problemi di critica dantesca.* I serie. Firenze: Sansoni, 1934.
Battaglia, S. "Il metodo di Dante tra *Vita Nuova* e *Convivio.*" *Esemplarità e antagonismo nel pensiero di Dante.* 2a. ed. Napoli: Liguori, 1967.
Bäumer, G. "Beatrice." *Deutsches Dante Jahrbuch,* 23 (1941), 1-35.
Beck, F. "Ueber die Wesenähnlichkeit zwischen Beatrice und der 'donna gentile.'" *Festschrift zum XII. allgemeinen deutschen Neuphilologentage in München.* Ed. E. Stollreither. Erlangen: Junge, 1906.
— "Textkritische und grammatisch-exegetische Bemerkungen zu Dantes *Vita Nova.*" *Zeitschrift für romanische Philologie,* 40 (1920), 257-285.
— "Das neue Vita-Nova-Problem." *Zeitschrift für romanische Philologie,* 45 (1925).
— "Die rätselhaften Worte in Dantes *Vita Nova.*" *Zeitschrift für romanische Philologie,* 47 (1927), 1-27.
Bergin, T. *Dante.* Boston: Houghton-Mifflin, 1965.
Bertoni, G. *La prosa della Vita Nuova di Dante.* Genova: A.F. Formiggini, 1914.
— *Poeti e poesia del Medio Evo e del Rinascimento.* Modena: Orlandini, 1922, pp. 117-202.
— "La *Vita Nuova.*" *Nuova Antologia,* 76 (1941), 254-263.
Bigongiari, D. "Dante's *Vita Nuova.*" *Essays on Dante and medieval culture.* Firenze: Olschki, 1964, pp. 65-76.
Biondolillo, F. *Il problema critico della Vita Nuova.* Palermo: Trimarchi, 1932.
— *Dante creatore del Dolce Stil Novo.* Palermo: Trimarchi, 1937.
— *Poetica e poesia di Dante.* Messina-Firenze: Casa editrice D'Anna, 1948.
Boethius. *The Consolation of Philosophy. The Theological Tractates.* Latin, with an English trans. by H.F. Stewart and E.K. Rand. New York: G.P. Putnam's Sons, 1926.
Borchardt, R. *Epilegomena zu Dante. I: Einleitung in die Vita Nuova.* Berlin: Rowohlt, 1923. (Recens., F. Beck, *Zeitschrift für romanische Philologie,* 48 (1928), 703-705.)
Bosticca, G.B. *La Beatrice di 'Vita Nuova' non è che la fede oggettiva.* 3 voll. Pescia: Franchi, 1936.
— *La Beatrice di 'Vita Nuova' e del Poema sacro svelata.* Pescia: Franchi, 1936.
Boyde, P. "Dante's Lyric Poetry." *The Mind of Dante.* Ed. V. Limentani. Cambridge: Cambridge Univ. Press, 1965, pp. 79-112.
Branca, V. "La *Vita Nuova.*" *Dante nella critica d'oggi.* Ed. U. Bosco. Firenze: Le Monnier, 1965, pp. 690-697.
— "Poetica del rinnovamento e tradizione agiografica nella *Vita Nuova.*" *Miscellanea in onore di Italo Siciliano.* Firenze: Olschki, 1965.
Buck, A. "Gli studi sulla poetica e sulla retorica di Dante e del suo tempo." *Dante nella critica d'oggi.* Ed. U. Bosco. Firenze: Le Monnier, 1965, pp. 143-166.
Büdel, O. "Das Publikum der *Stilnovisti.*" *Ideen und Formen. Festschrift für Hugo Friedrich zum 24.XII.1964.* Ed. Fritz Schalk. Frankfurt am Main: Klostermann, 1965, pp. 23-29.
Busnelli, G. "Le contradizioni tra la *Vita Nuova* e il *Convivio* intorno alla Donna gentile." *La Civiltà Cattolica,* 85, 143-153.

Calcidius. *Timaeus a Calcidio Translatus Commentarioque Instructus*. Ed. J.H. Waszink. London-Leiden: In Aedibus Instituti Warburgiani et E.J. Brill, 1962.
Caligaris, P. "La donna gentile." *Lettere italiane*, 5, No. 2 (1953), 126-128.
Cambon, G. *Dante's Craft*. Studies in language and style. Minneapolis: Univ. of Minnesota Press, 1969.
Capasso, A. "Valore narrativo della *Vita Nuova*." *Ricerche, distinzioni, discussioni. Saggi critici*. Geno Emiliano degli Orfini, 1940, pp. 73-226.
Carducci, G. "Delle rime di Dante." *Prose*. Bologna: Zanichelli, 1906.
Carloni, M.L. *Commento alla Vita Nuova di Dante Alighieri*. Udine: Del Bianco, 1958.
Casella, M. *Introduzione alle opere di Dante*. Milano: Bompiani, 1965.
Cavallera, F. "Dante et son oeuvre: *Vita Nuova. Il Convivio*." *Les études*, 5 juillet 1921.
Cernecca, D. "L'inversione del soggetto nella prosa della *Vita Nuova*." *Atti del congresso internazionali di studi danteschi. Firenze-Verona-Ravenna, 20-27 aprile, 1965*. 2 voll. Firenze: Sansoni, 1965-66. II, 187-212.
Cesareo, G.A. "Un romanzo d'amore nel secolo XIII: La *Vita Nuova*." *Studi e ricerche su la letteratura italiana*. Palermo: Sandron, 1929, pp. 53-88.
— "Nota polemica a proposito della *Vita Nuova*." ibid., pp. 89-99.
— "Amor mi spira..." ibid., pp. 145-173.
Child, J.F. *The English and Scottish Popular Ballads*. 5 vols. 1882-98; rpt. New York: The Folklore Press, 1956.
Ciafardini, E. *Problemi di critica dantesca*. Napoli: Libreria scientifica editrice, 1948.
Cicero. *Works*. Latin, with an English translation. The Loeb Classical Library. London: Heinemann, v.d.
Cicero, M.T. *Academica*. Lipsiae: In Aedibus Teubneri, 1881.
— *De Divinatione*. Ed. A. Stanley Pease. Darmstadt: Wissenschaftliche Buchgesellschaft, 1963.
Ciuffo, G. *La visione ultima della Vita Nuova*. Palermo: Stab. Tip. Lo Casto, 1899.
Clouston, W.A. *Popular Tales and Fictions, their Migrations and Transformation*. 2 vols. Edinburgh and London: William Blackwood and Sons, 1887; rpt. Detroit: Singing Tree Press, 1968.
Cochin, H. "Le centenaire de Dante: Au lecteur de la *Vita Nuova*." *Le Figaro*, 17 settembre 1921.
Coen, A. *Dante et le contenu initiatique de la 'Vita Nuova.'* Paris: J. Vitiano, 1958.
Contini, G. "Esercizi d'interpretazione sopra un sonetto di Dante." *Imm.*, 1 (1947), 288-295.
Corbellini, A. *Quistioni ciniane e la Vita Nuova di Dante*. Pistoia, 1904.
— *Un passo del Convivio di Dante e la data della Vita Nuova*. Pavia: Tip. Rossetti, 1905.
Cosmo, U. *Handbook to Dante Studies*. Oxford: Blackwell, 1950.
Cossio, A. *Sulla Vita Nuova di Dante*. Firenze: Leo Olschki, 1907.
Cozzani, E. *Chi è Beatrice? Aggiunto: difendo Gemma Donati, la moglie di Dante*. Discorso tenuto a Milano. Milano: L'eroica, 1965.
Crescini. V. "Le 'razos' provenzali e le prose della *Vita Nuova*." *Giornale storico della letteratura italiana*, 32 (1898), 463.
Croce, B. *La poesia di Dante*. Bari: Laterza, 1922.
— "Un proemio alla *Vita Nuova*." *La critica*, 14 (1926), 47-49.
— "Intorno a Dante e al Petrarca." *Conversazioni critiche*. cap. V. Bari: Laterza, 1932, pp. 187-229.
Curcio, G.G. "Studi sullá *Vita Nuova* di Dante." *L'Alighieri*, 3 (1891-92), 229-246 e 287-301.

BIBLIOGRAFIA 165

D'Ancona, A. *Scritti danteschi.* Firenze: Sansoni, 1913.
Da Prati, P. *Realtà e allegoria nella Vita Nuova di Dante.* 2a. ed. Sanremo: Ediz-graf. Bracco, 1963.
De Lisa, G. *Madonna Pietra: saggio.* Pieve di Cadore: Tip. Tiziano, 1930. (Recens., E. Rho, *Leonardo,* 1930, 580; M. Barbi, *Studi danteschi,* 15 [1931], 116-121.).
Del Lungo, I. *Beatrice nella vita e nella poesia del secolo XIII.* Milano: Hoepli, 1891.
De Lollis, C. "Dolce stil nuovo e 'Noel dig de nova maestria.'" *Studi medievali,* 1.
De Negri, E. "Una leggenda Nuova." *Wort und Text. Festschrift für Fritz Schalk.* Frankfurt am Main: Klostermann, 1963, pp. 142-160.
De Robertis, D. "Il libro della 'Vita Nuova' e il libro del 'Convivio.'" *Studi Urbinati,* 25, No. 2 (1951), 5-27.
— *Il libro della Vita Nuova.* Quaderni degli 'Studi danteschi,' 1. Firenze: Sansoni, 1961.
— "Tradizione veneta e tradizione estravagante nelle rime della *Vita Nuova.*" *Dante e la cultura veneta.* Firenze: Olschki, 1966.
— "Sulla tradizione estravagante delle rime della *Vita Nuova.*" *Studi danteschi,* 44 (1967), 5-84.
De Sanctis, F. *Storia della letteratura italiana.* 2 voll. Milano: Sonzogno, s.d.
— *Beatrice.* Ed. G. Laurini. Napoli, 1914.
Di Benedetto, L. "Monna Lagia e Monna Bice." *Il giornale dantesco,* 25 (1922), 330-337.
Di Benedetto, V. *Luoghi controversi nelle opere minori di Dante.* Napoli: Ist. della Stampa, 1963.
Di Giovanni, A. *La filosofia dell'amore nelle opere di Dante.* Roma: Ediz. Abete, 1967.
Di Marco, M. "Il primo sonetto della *Vita Nuova* di Dante." *Hist.,* 1 (1948), 36-37.
Dinsmore, C.A. "Lyrical Poetry before the Time of Dante." *Aids to the Study of Dante.* Boston & New York: Houghton-Mifflin, 1903.
Di Pino, G. *Aspetti della Vita Nuova di Dante.* Messina: Peloritana editrice, 1965.
— "Poesia e stile nella *Vita Nuova.*" *Studi di lingua poetica.* Firenze: Le Monnier, 1961, pp. 3-29.
D'Ovidio, F. "La *Vita Nuova* e una recente edizione di essa." *Nuova Antologia,* 43 (15 marzo 1884), 238-268.
Earle, J. "Dante's *Vita Nuova.*" *Quarterly Review,* 184 (1896), 24.
— *La Vita Nuova di Dante.* Bologna: Zanichelli, 1899.
Eliot, T.S. "Dante." 1929; rpt. *Selected Essays.* New York: Harcourt, Brace, 1950.
Federn, K. *Dante and his Time.* New York: McClure, Phillips, 1902.
— "Zur ersten Vision der *Vita Nuova.*" *Deutsches Dante Jahrbuch,* NS 1 (1928), 71-75.
Federzoni, G. *Il romanzo di Beatrice Portinari.* 3a ed. Rocca S. Casciano: L. Cappelli, 1911.
— *Studi e diporti danteschi.* Bologna, 1900.
— "Questioni dantesche: vecchie e nuove considerazioni sul disegno simmetrico della *Vita Nuova.*" *Fanfulla della Domenica,* 24, No. 43 (26 ott. 1902).
— "Un paragrafo inedito della *Vita Nuova.*" *Raccoglimenti e ricordi.* Bologna: Zanichelli, 1935, 103-143.
Figurelli, F, "Il sentire amoroso di Dante." *Il dolce stil novo.* Milano-Napoli: Ricciardi, 1933.
— "Costituzione e caratteri della *Vita Nuova* di Dante." *Belfagor,* 3 (1948), 666-683.
Flamini, F. *Varia.* Livorno, 1905.
— *Introduction to the study of the 'Divine Comedy.'* Trans. Josselin. Boston, 1910.

Flamini, F. "Un passo della *Vita Nuova* e il *De spiritu et respiratione* di Alberto Magno." *Rassegna bibliografica della letteratura italiana,* 18 (1910), 168-174.
Fletcher, J.B. "The Allegory of the *Vita Nuova.*" *Modern Philology,* 11 (July 1913), 25-26.
— "Dante's second love." *Modern Philology,* 13 (July 1915), 129-142.
— *Dante.* New York: Holt & Co., 1916.
— "The 'True Meaning' of Dante's *Vita Nuova.*" *Romanic Review,* 11 (1920), 95-148.
Fleury, M. "L'humanité de Béatrice dans la *Vita Nuova* et la *Divine Comédie.*" *Bulletin de l'association G. Budé,* 11 (1950), 19-39.
Formichi, C. "Il simbolismo nella *Vita Nuova* e nel *Canzoniere* di Dante Alighieri." *Italica,* 5 (1928), 81-85.
Fornari, P. "L'ora prima d'Arabia, lo perfetto numero e l'età di Beatrice." *Il VI centenario dantesco,* 7, No. 5-6 (1920).
Fowlie, W. *The Clown's Grail. A Study of Love in its Literary Expression.* London: Dennis Dobson, 1947.
Franceschini, G. *La Vita Nuova e la filosofia dell'amore di Dante.* Roma: Tip. delle Mantellate, 1922.
Gallarati Scotti, T. "Vita Nova." *Dante. Raccolta di studi a cura di A. Res.* Gorizia, 1923, pp. 15-28.
Gargano Cosenza, G. *La varia fortuna di Beatrice.* Castelvetrano: Tip. Lentini, 1903.
— *Il simbolo di Beatrice.* Messina: Muglia, 1903.
Gaspary, A. "The meaning and character of the *Vita Nuova.*" *Aids to the Study of Dante.* Ed. C.A. Dinsmore. Boston & New York: Houghton-Mifflin, 1903, pp. 172-187.
Ghirlanda, E. "Lingua poetica e lingua prosastica nella *Vita Nuova.*" *Cenobio,* 2, No. 6 (1953), 31-38; No. 7, 26-43; No. 8, 24-33.
Giannantonio, P. "L'Allegoria nella *Divina Commedia* e nelle altre opere dantesche." *Dante e l'allegorismo.* Biblioteca dell'Archivum Romanicum, 1a serie, Vol. 100. Firenze: Olschki, 1969, pp. 187-209.
Gietmann, G. *Beatrice. Geist und Kern der Dante'schen Dichtungen.* Freiburg: Herder'sche Verlagshandlung, 1889.
Gilbert, A.H. "The Interpretation of Dante's *New Life.*" *Renaissance Papers,* 1961, pp. 11-18.
Gilson, E. *Dante et la philosophie.* Paris: Librairie philosophique J. Vrin, 1939.
— "La mirabil visione." *Archives d'Histoire doctrinale et littéraire du Moyen Age,* 1965.
— "Dante's *Mirabil Visione.*" *The Cornell Library Journal,* Spring 1968, pp. 1-17.
Giuliani, G.B. *Dell'attinenza della Vita Nuova di Dante Allighieri* [sic] *col Convito e colla Divina Commedia e dell'obbligo di escludere dalla Vita Nuova qualsiasi interpretazione allegorica e ogni dubbio sulla realtà di Beatrice.* Firenze: 1883.
Goodrich, N.L. "The *Vita Nuova* and Commentary." *A Dante Profile.* Ed. Schettino. Los Angeles: Univ. of Southern California Press, 1967, pp. 5-14.
Grandgent, C.H. "Dante and St. Paul." *Romania,* 31 (1902), 14-27.
— "Seven Notes." *Annual Report of the Dante Society* (Cambridge, Mass.), 21 (1902, i.e. 1903), 65-68.
— *Dante Alighieri,* 1961; rpt. New York: Frederick Ungar, 1966.
— *The Ladies of Dante's Lyrics.* Cambridge, 1917.
Grasso, A. *L'allegoria della prima canzone della Vita Nuova.* Palermo: Travi, 1921.
Grasso, C. *La Beatrice di Dante.* Palermo: Reber, 1903.
Grazzani, V. *Spiegazione dell'allegoria della Vita Nuova.* Città di Castello: Lapi, 1905.

Guardini, R. *Studi su Dante*. Brescia: Morcelliana, 1967.
Guerri, D. "Per un nuovo commento alla *Vita Nuova*." *Giornale dantesco*, 14 (1906), 191-197.
— "Chiosa dantesca: *Vita Nuova*, XII." *La rassegna*, 28 (1920), 54-55.
— "Chiose dantesche: *Vita Nuova*, XXI e XXXII." *La rassegna*, 28 (1920), 388-390.
Guidubaldi, E. "'Vita Nuova" e 'Inconscio personale.'" *Dante Europeo. Poema sacro come esperienza mistica*. Biblioteca dell'Archivum Romanicum, 1a serie, Vol. 94. Firenze: Olschki, 1968. III, 75-100.
Hardie, C. "Dante and the Tradition of Courtly Love." *Patterns of Love and Courtesy: Essays in Memory of C.S. Lewis*. Ed. J. Lawlor. Evanston, Ill.: Northwestern Univ. Press, 1966.
— "Dante's Autobiography." *Listener*, 1960, 245-251.
Henle, R.J. *Saint Thomas and Platonism*. The Hague: Martinus Nijhoff, 1956.
Ikeda, K. "Laude di benedetta Beatrice. Saggio sulla *Vita Nuova*." *Studi Italiani*, 6 (1957), 52-73.
Iwakura Tomotada-Fujisawa, M. "L'analisi strutturale della *Vita Nuova* e del *Decameron*." *Studi Italiani*, 6 (1957), 91-115.
Kavanagh, M. *Dante's Mystic Love: A Study of the Vita Nuova, Odes, etc., from the Allegorical Standpoint*. London: Sands & Co., 1921.
Koenen, F. "Beatrice in der *Vita Nuova*." *Deutsches Dante Jahrbuch*, 23 (1941), 202-216.
Küchler, W. "Zum Verständnis von Dantes *Vita Nuova*." *Die neueren Sprachen*, 33 (1925), 88-104.
Labusquette, R. de. *Les Béatrices*. Paris, 1920.
Ladewig. P. *Dantes Vita Nova bei Goethe*. Darmstadt: Ludwig, 1935.
Laurenzi, F. *Vita Nuova. Dottrina estetica di Dante*. Paola: Tip. Moderna, 1938.
Leigh, G. *The Passing of Beatrice: A Study in the Heterodoxy of Dante*. London: Faber & Faber, 1932.
Leo, U. "Das Sonett mit zwei Anfängen (*Vita Nuova* c. XXXIV)." *Zeitschrift für romanische Philologie*, 70, No. 5-6 (1954), 376-388.
— "Ueber die *Vita Nuova*." *A Dante Symposium. In commemoration of the 700th anniversary of the poet's birth*. Ed. W. De Sua and G. Rizzo. Chapel Hill: Univ. of North Carolina Press, 1965, pp. 35-44.
Levi, E. "Vita fiorentina nella *Vita Nuova*." *Il Marzocco*, No. 18, 1921.
Lewis, C.S. *The Allegory of Love. A Study in Mediaeval Tradition*. Oxford: Clarendon Press, 1936.
Lora, F. *Nuova interpretazione della Vita Nuova di Dante*. Napoli: Perrella, 1918.
Lubin, A. *Intorno all'epoca della Vita Nuova di Dante Allighieri* [sic]. Graz: Gius. A. Kienreich, 1862.
— "Valore della lezione 'va' nel paragrafo XLI della *Vita Nuova*. L' 'usanza d'Arabia' del paragrafo XXX, inammissibile." *Giornale dantesco*, 1 (1893-94), 193-211.
Maggini, F. *Quistioni critiche sulla Vita Nuova di Dante, prolusione*. Milano: Soc. editr. 'Vita e Pensiero,' 1937.
— "Quistioni critiche sulla *Vita Nuova* di Dante." *Due letture dantesche inedite e altri saggi poco noti*. Firenze: Le Monnier, 1965, pp. 32-49.
— *Introduzione allo studio di Dante*. 1942; rpt. Pisa: Nistri-Lischi editori, 1965.
Marigo, A. "Amore intellettivo nell'evoluzione filosofica di Dante." *Raccolta di studi di storia e critica letteraria*. Pisa, 1918.
— *Mistica e scienza nella Vita Nuova di Dante*. Padova: Drucker, 1914.
Martellott, G. "Dante e i classici." *Dante nella critica d'oggi*. Ed. U. Bosco. Firenze: Le Monnier, 1965, pp. 125-137.

Marti, M. "Dante e i poeti del suo tempo." *Dante nella critica d'oggi.* Ed. U. Bosco. Firenze: Le Monnier, 1965, pp. 36-45.

Martinozzi, M. *Sopra la partizione della Vita Nuova.* Modena, 1902.

Maruffi, G. "Le parole oscure d'amore nel paragrafo XII della *Vita Nuova.*" *Giornale dantesco,* 3 (1895-96), 125-128.

Mascetta Caracci, L. "Madonna la Pietà." *Il giornale dantesco,* 29 (1926), 207-274.

Matthews, J.C. "Emerson's Translation of Dante's *Vita Nuova.*" *Harvard Library Bulletin,* 11 (1951), 208-244.

Matzke, J.E. "The Legend of the Eaten Heart." *Modern Language Notes,* 26 (1911), 1-8

Mazzeo, J. "Dante's Conception of Love." *American Critical Essays on the Divine Comedy.* Ed. R. Clements. New York: NYU Press, 1967.

Maurino, F. "Originality in the *Vita Nuova.*" *Forum Italicum,* 1 (April 1967), 60-66.

McKenzie, K. "The Symmetrical Structure of Dante's *Vita Nuova.*" *PMLA,* 18 (1903), 341-355.

— "Recent Editions of Dante's *Vita Nuova.*" *Modern Language Notes,* 29 (1914), 250-256.

— "Observations on Dante's Lyrical Poems." *Annual Report of the Dante Society,* 49-51 (1934), 1-28.

Meccoli, S. "Trovato il più antico frammento della *Vita Nuova* di Dante." *Cahiers du Sud,* juin 1967.

Mieli, G. *Chi è Beatrice? Saggio critico di Vita Nuova.* Pref. di R. Valente. Roma: Stamperia Romana, 1937.

Misciattelli, P. "Un'edizione della *Vita Nuova.*" *Rassegna d'arte antica e moderna,* 9 (1922), 11-18.

Montanari, F. *L'esperienza poetica di Dante.* Firenze: Le Monnier, 1959.

Moore, E. "A variant in the *Vita Nuova.*" *Annual Report of the Dante Society,* 14 (1895), 35-36.

— *Studies in Dante.* 1st series. Oxford: Clarendon Press, 1896.

— *Studies in Dante.* 2nd series. Oxford: Clarendon Press, 1899.

Morini, C.V. *La teoria del simbolo dantesco nella Vita Nuova.* Firenze: Ed. Tip. Fiorentina, 1952.

Mott, L.F. *The System of Courtly Love, Studied as an Introduction to the 'Vita Nuova' of Dante.* 1896; rpt. New York: Haskell House, 1965.

Musa, M. "Le ali di Dante (e il dolce stil novo). *Purg.* XXIV." *Convivium,* 34 (1966), 361-368.

Nardi, B. *Nel mondo di Dante.* Roma: Ed. di Storia e Letteratura, 1944.

— "Nomina sunt consequentia rerum." *Giornale storico della letteratura italiana,* 93 (1929), 101-105.

— *Dante e la cultura medievale. Nuovi saggi di filosofia dantesca.* Bari: Laterza, 1942.

— "Beatrice e la poesia giovanile di Dante tra le mani d'un teologo." *Giornale storico della letteratura italiana,* 139 (1962), 49-70.

— "Dante e Guido Cavalcanti." *Giornale storico della letteratura italiana,* 139 (1962), 481-512.

Nolan, B. "The *Vita Nuova*: Dante's Book of Revelation." *Dante Studies,* 88 (1970), 57-77.

Norton, C.E. "On the *New Life.*" "The *Convito* and the *Vita Nuova.*" "On the Structure of the *Vita Nuova.*" *The New Life of Dante Alighieri.* Trans. C.E. Norton. n.p., n.d. (Printed in part in *Atlantic Monthly,* 3, Jan-March, 1859).

— "On the Structure of the *Vita Nuova.*" *Aids to the Study of Dante.* Ed. Dinsmore. Boston & New York: Houghton-Mifflin, 1903.

Norton, C.E. "Note on the Vocabulary of the *Vita Nuova*." *Annual Report of the Dante Society,* 25 (1906, i.e. 1907), 117.
Olson, P. "Two Sonnets of Heavenly Vision." *Italica,* 35 (1958), 156-161.
Orlandini, F.S. "Della *Vita Nuova* di Dante Alighieri..." *Dante e il suo secolo.* Firenze, 1865, pp. 383-418.
Ostlender, H. "Scholastisches zu 'dunklen Worten' in Dantes *Vita Nuova.*" *Mélanges Joseph de Ghellinck, S. J.* Gembloux: J. Duculot, 1951, pp. 889-908.
Pagliaro, A. "Nomina sunt consequentia rerum." *Idea,* 43 (1956), 1. (Anche in *Nuovi Saggi di critica semantica.* Messina-Firenze: D'Anna, 1956, pp. 239-246).
Pascoli, G. *La mirabile visione.* Messina: Muglia, 1902.
Pasqualigo, F. "Pensieri sull'allegoria della *Vita Nuova.*" *L'Alighieri,* 3 (1892-93), 87-98 e 169-183.
Pellegrini, S. "Alcune considerazioni sull'arte della *Vita Nuova* di Dante." *Giornale dantesco,* 27 (1924), 320-333.
— "L'arte della *Vita Nuova* di Dante." *Appunti di storia letteraria e civile italiana.* Torino: Gambino, 1940.
— "Dante e la tradizione poetica volgare dai provenzali ai guittoniani." *Dante nella critica d'oggi.* Ed. U. Bosco. Firenze: Le Monnier, 1965, pp. 27-35.
— "Angelo clama." *Studi medievali,* 7 (1966), 856-863.
Perez, F. *La Beatrice svelata.* Palermo: Tip. d. Giorn. di Sicilia, 1898.
Petrocchi, G. "Gli influssi della spiritualità duecentesca." *Dante nella critica d'oggi.* Ed. U. Bosco. Firenze: Le Monnier, 1965, pp. 87-93.
Picciola, G. *La Vita Nuova di Dante Alighieri.* Firenze: Sansoni, 1920.
Pietrobono, L. "La *Vita Nuova.*" *Giornale dantesco,* 34 (1933), 113-137; rpt. *Saggi danteschi.* Torino: SEI, 1954, pp. 1-24.
— "Il rifacimento della *Vita Nuova* e le due fasi del pensiero dantesco." *Giornale dantesco,* 35 (1934), 1-82; rpt. *Saggi danteschi.* Torino: SEI, 1954, pp. 25-98.
— "Realtà e idealità nella *Vita Nuova.*" *Giornale dantesco,* 42 (1941), 107-118; rpt. *Nuovi saggi danteschi.* Torino: SEI, 1954, pp. 1-12.
— "Intorno alla data delle opere minori." *Nuovi saggi danteschi.* Torino: SEI, 1954, pp. 37-54.
Pignatelli. T. *La Vita Nuova di Dante.* Padova: Cedam, 1949.
Plato. *Works.* Greek, with an English translation. The Loeb Classical Library. London: William Heinemann, v.d.
Platone. *I Dialoghi dell'amore. (Carmide, Liside, Convito, Fedro).* Trad. E. Turolla. Milano: Rizzoli, 1953.
Potts, P. *Dante called you Beatrice.* London: Eyre & Spottiswoode, 1960.
Proto, E. "Beatrice beata." *Giornale dantesco,* 14 (1906), 60-89.
— "Note sulla *Vita Nuova.*" *Giornale dantesco,* 20 (1912), 57-65: 23 (1915), 172-180.
Puccianti, G. *Saggi danteschi.* Città di Castello: S. Lapi, 1911.
Puppo. M. "Beatrice." *Dante nella critica d'oggi.* Ed. U. Bosco. Firenze: Le Monnier, 1965, pp. 356-361.
Rajna, P. "Per la data della *Vita Nuova* e non per essa soltanto." *Giornale storico della letteratura italiana,* 6 (1885), 113-156.
— *Lo schema della Vita Nuova.* Verona, 1890.
— "Per le 'divisioni' della *Vita Nuova.*" *Strenna dantesca,* (1902), 111-114.
Reffienna, P. "La transfiguration de Béatrice." *Bulletin de la société d'Études dantesques du Centre Universitaire Méditerranéen* (Nice), 13 (1964), 37-51.
Renier, R. *La Vita Nuova e la Fiammetta.* Torino: Loescher, 1879.

Ronchetti, F. "Di un possibile spostamento nella tessitura della *Vita Nuova*." *Giornale dantesco*, 2 (1894-95), 221-225.
Rossetti, G. *Il mistero dell'Amor platonico*. 2 volls. London, 1840.
— *Saggio critico sulla Beatrice di Dante*. London, 1840.
Rossetti, W.M. Trans., *Gabriele Rossetti, a Versified Autobiography*. London: Sands & Co., 1901.
Rossi, M. "La *Vita Nuova* come preludio al Poema." *Civiltà moderna*, 15 (1943), 97-107.
Rotunda, D.P. *Motif Index of the Italian Novella in Prose*. Bloomington: Indiana University Publications, Folklore Series, 1942.
Salvadori, G. *Sulla vita giovanile di Dante*. Roma, 1906.
Sanguineti, E. "Per una lettura della *Vita Nuova*." Prefazione alla *Vita Nuova di Dante Alighieri*. Milano: Lerici, 1965.
— "Le visioni della *Vita Nuova*." *Ateneo Veneto*, dic. 1965.
Santangelo, S. "La composizione della *Vita Nuova*." *AAP*. 17 (1932), 167-200; rpt. *Saggi danteschi*. Padova: Cedam, 1959, pp. 21-91.
Sapegno, N. "La *Vita Nuova*." *Pagine di storia letteraria*. Palermo: Manfredi, 1960, pp. 7-28.
— "Nota sulla *Vita Nuova*." *Pegaso*, genn. 1930.
— "Sulla *Vita Nuova*." *La Cultura*, NS 9.
Scarano, N. *Beatrice*. Siena: Tip. Nava, 1902.
Scherillo, M. "Alcune fonti provenzali della *Vita Nuova* di Dante." *Atti d. R. Accad. di Archeologia, Lettere e Belle Arti* (Napoli), 14 (1889-90).
— *Alcuni capitoli della biografia di Dante*. Torino: Loescher, 1896.
— "Dante e Bertran de Born." *Nuova Antologia*, 71, 94.
— "Il nome della Beatrice." "La prima visione." "La forma architettonica della *Vita Nuova*." Appendice all'edizione della *Vita Nuova*. Milano: Hoepli, 1921.
— "La *Vita Nuova*." *Dante: la vita, le opere*, Milano: Treves, 1921.
Schiaffini, A. "Lo stil nuovo e la *Vita Nuova*." *Tradizione e poesia nella prosa d'arte italiana dalla latinità medioevale a G. Boccaccio*. 2a ed. Roma: edizioni di storia e letteratura, 1943.
Schmidt, O.A. "Zum Verständnis der *Vita Nuova*." *Deutsches Dante Jahrbuch*, 19 (1937), 7-28.
Schneider, F. "*Vita Nuova*-Studien." *Deutsches Dante Jahrbuch*, 19 (1937), 1-6.
Scott, J.A. "Dante's 'Sweet New Style' and the *Vita Nuova*." *Italica*. 42 (1965), 98-107.
Shackford, M.H. *An Introduction to Dante's "The New Life*." Natick (Mass.): Suburban Press, 1959.
Shaw, J.E. "Dante's 'Gentile donna.'" *Modern Language Review*, 10 (1915), 129-149; 320-337.
— *Essays on the "Vita Nuova*." 1929; rpt. New York: Kraus Reprint Corp., 1965. (Recens., F. Olivero, *Convivium*, 1930, 469-70; M. Barbi, *Studi danteschi*, 15 [1931], 111-116; Fr. Vi., *La rassegna*, 1930, 383-384).
— "Ego tanquam centrum circuli: *Vita Nuova XII*." *Italica*, 24 (1947), 113-118.
Shorey, P. *Platonism Ancient and Modern*. Berkeley: Univ. of California Press, 1938.
Sicardi, E. "Appunti sul testo della *Vita Nuova*." *Il giornale dantesco*, 24 (1921), 120-126.
— "Appunti sul testo della *Vita Nuova*: IX e XVII." *Il giornale dantesco*, 25 (1922), 310-317.
— "Il negato saluto di Beatrice e la realtà storica della *Vita Nuova*." *Rassegna critica della letteratura italiana*, 26 (1921), 1-36.
Singleton, C.S. "*Vita Nuova* XII: Love's Obscure Words." *Romanic Review*, 36 (1945), 89-102.

BIBLIOGRAFIA 171

Singleton, C.S. "The Use of Latin in the *Vita Nuova.*" *Modern Language Notes,* 61 (1946), 108-112.
— *An Essay on the Vita Nuova.* 1949; rpt. Cambridge: Harvard Univ. Press, 1958.
— "Dànte: Within Courtly Love and Beyond." *The Meaning of Courtly Love.* Ed. F.X. Newman. Albany: SUNY Press, 1968, pp. 43-54.
Sister Rosa (S.S.J.). "Realistic Elements in Dante's *Vita Nuova.*" *Modern Language Journal,* 28 (1944), 413-421.
Spiers, A.G.H. "Dolce stil nuovo, the Case for Opposition." *PMLA,* 25 (1910), 657-675.
— "*Vita Nuova,* chapters 24-28." *Haverford Essays,* 1909, p. 113.
Spitzer, L. "Bemerkungen zu Dantes *Vita Nuova.*" *Romanoloji Semineri Dergisi.* Istanbul, 1937, pp. 162-208.
Stange, K. *Beatrice in Dantes Jugenddichtung.* Göttingen-Berlin-Frankfurt: Musterschmidt, 1959, p. 363.
Stefanini, R. "Ciò che m'incontra nella mente more (*Vita Nuova* XV)." *Italica,* 45 (Dec 1968), 421-427.
Sticco. M. "Dalla *Vita Nuova* al *Convivio.*" *La divinità nelle opere minori di Dante; appunti delle lezioni di lingua e letteratura italiana.* Milano: Vita e Pensiero, 1945, pp. 28-40.
— "La divinità nella *Vita Nuova.*" Ibid., pp. 6-27.
Strauch, E.H. "Dante's *Vita Nuova* as Riddle." *Symposium,* 21 (Winter 1967), 324-330.
Suchtelen (von), N. "Introduzione alla *Vita Nuova.*" *Dante Alighieri.* 1321-1921. Omaggio dell'Olanda. L'Aja, 1921, pp. 119-130.
Symonds, J.A. *An Introduction to the Study of Dante.* London: Adam and Chas. Black, 1899.
Taylor, A.E. *Platonism and its Influence.* New York: Longmans, Green and Co., 1932.
Terracini, B. "Analisi dello 'stile legato' della *Vita Nuova.*" *Pagine e appunti di linguistica storica.* Firenze: Le Monnier, 1957, pp. 247-263.
— "Analisi dei toni narrativi della *Vita Nuova* e loro interpretazione." Ibid., pp. 264-272.
Thompson, S. *Motif-Index of Folk Literature.* 6 vols. Rev. ed., Copenhagen and Bloomington: Indiana University Press, 1955-58.
Titta Rosa, G. "La poesia della *Vita Nuova.*" *Il primato artistico italiano,* 3, No. 1-2 (1921).
Todeschini, G. *Scritti su Dante.* 2. voll. Vicenza: Tip. Reale, 1872.
Tràvers, A. "Le rameau d'or: En marge de la *Vita Nuova.*" *Le correspondant,* 10 septembre 1921.
Treves, E. *La Vita Nuova. Michelangelo.* Vercelli: Gallardi, 1926, p. 86.
Trombly, A.E. "Two Notes on Dante's *Vita Nuova.*" *Modern Language Notes,* 44 (1929), 242-244.
Udny, S. "Dante's Modern Mysticism: a Study in the *Vita Nuova.*" *The Contemporary Review,* 1921.
Ugolini, G. *Dante; il mistico pellegrino.* Brescia: La Scuola, 1966.
Valency, M. *In Praise of Love: An Introduction to the Love Poetry of the Renaissance.* New York: MacMillan, 1958.
Vallone, A. "Il dialogo nella *Vita Nuova* e nel *Purgatorio.*" *Studi sulla Divina Commedia.* Firenze: Olschki, 1955, pp. 19-38.
— *La prosa della Vita Nuova.* Firenze: Le Monnier, 1963.
Van Dijk, I. *Dante's Vita Nuova.* Groningen: Noordhoff, 1920.
— "Il misticismo nel dolce stil nuovo della *Vita Nuova.*" *Dante Alighieri.* 1321-1921. Omaggio dell'Olanda. L'Aja, 1921, pp. 131-139.

Vasoli, C. "Filosofia e teologia in Dante." *Dante nella critica d'oggi*. Ed. U. Bosco. Firenze: Le Monnier, 1965, pp. 47-71.
Vezin, A. "Dantes *Vita Nuova* as Erlebnis und Dichtung." *Der Wächter*, 8 (1925), 228-240.
Vincent, E.R. *Century Essays on Dante by Members of the Oxford Dante Society*. Oxford: The Clarendon Press, 1965.
Vittorini, D. "Luci ed ombre nella *Vita Nuova*." *Letterature moderne*, 4, No. 5 (1953), 518-523.
Vossler, K. *Mediaeval Culture. An Introduction to Dante and his Times*. Trans. W.C. Lawton. New York: Harcourt, Brace, 1929.
Wicksteed, P.H. *From the Vita Nuova to Paradiso: Two Essays on the Vital Relations between Dante's Successive Works*. Manchester: Manchester Univ. Press, 1922.
Wilkins, E.H. *Dante: Poet and Apostle*. Chicago, 1921.
— "Incipit Vita Nuova." *The Wellesley Magazine*, 22 (1938), 487-490.
Williams, C. *The Figure of Beatrice: A Study in Dante*. 1943; rpt. London: Faber and Faber, 1958.
Zappia, E.V. *Studi sulla Vita Nuova di Dante*. Roma: Loescher, 1904.
— "Il problema fondamentale della *Vita Nuova* e l'estetica dell'intuizione pura." *Rassegna critica della letteratura italiana*, 26 (1921), 56-90.
Zuccante, G. *Figure e dottrine nell'opera di Dante*. Milano: Frat. Treves, 1921.

NORTH CAROLINA STUDIES IN THE ROMANCE LANGUAGES AND LITERATURES

I.S.B.N. Prefix 0-88438

Recent Titles

ESSAYS IN HONOR OF LOUIS FRANCIS SOLANO, edited by Raymond J. Cormier and Urban T. Holmes. 1970. (No. 992). -892-1.

JACQUES DE LA TAILLE'S. "LA MANIERE," A CRITICAL EDITION, by Pierre Han. 1970. (No. 93). -893-X.

THE MAJOR THEMES OF EXISTENTIALISM IN THE WORK OF JOSÉ ORTEGA Y GASSET, by Janet Winecoff Díaz. 1970. (No. 94). -894-8.

CHARLES NODIER: HIS LIFE AND WORKS, by Sarah Fore Bell. 1971. (No. 95). -895-6.

LOPE DE VEGA. "EL PEREGRINO EN SU PATRIA," edición de Myron A. Peyton. 1971. (No. 97), -897-2.

CRITICAL REACTIONS AND THE CHRISTIAN ELEMENT IN THE POETRY OF PIERRE DE RONSARD, by Mark S. Whitney. 1971. (No. 98). -898-0.

THE REV. JOHN BOWLE. THE GENESIS OF CERVANTEAN CRITICISM, by Ralph Merritt Cox. 1971. (No. 99). -899-9.

THE FOUR INTERPOLATED STORIES IN THE "ROMAN COMIQUE": THEIR SOURCES AND UNIFYING FUNCTION, by Frederick Alfed De Armas. 1971. (No. 100). -900-6.

LE CHASTOIEMENT D'UN PERE A SON FILS, A CRITICAL EDITION, edited by Edward D. Montgomery, Jr. 1971. (No. 101). -901-4.

LE ROMMANT DE "GUY DE WARWIK" ET DE "HEROLT D'ARDENNE," edited by D. J. Conlon. 1971. (No. 102). -902-2.

THE OLD PORTUGUESE "VIDA DE SAM BERNARDO," EDITED FROM ALCOBAÇA MANUSCRIPT ccxci/200, WITH INTRODUCTION, LINGUISTIC STUDY, NOTES, TABLE OF PROPER NAMES, AND GLOSSARY, by Lawrence A. Sharpe. 1971. (No. 103). -903-0.

A CRITICAL AND ANNOTATED EDITION OF LOPE DE VEGA'S "LAS ALMENAS DE TORO," by Thomas E. Case. 1971. (No. 104). -904-9.

LOPE DE VEGA'S "LO QUE PASA EN UNA TARDE," A CRITICAL, ANNOTATED EDITION OF THE AUTOGRAPH MANUSCRIPT, by Richard Angelo Picerno. 1971. (No. 105). -905-7.

OBJECTIVE METHODS FOR TESTING AUTHENTICITY AND THE STUDY OF TEN DOUBTFUL "COMEDIAS" ATTRIBUTED TO LOPE DE VEGA, by Fred M. Clark. 1971. (No. 106). -906-5.

THE ITALIAN VERB. A MORPHOLOGICAL STUDY, by Frede Jensen. 1971. (No. 107). -907-3.

A CRITICAL EDITION OF THE OLD PROVENÇAL EPIC "DAUREL ET BETON," WITH NOTES AND PROLEGOMENA, by Arthur S. Kimmel. 1971. (No. 108). -908-1.

FRANCISCO RODRIGUES LOBO: DIALOGUE AND COURTLY LORE IN RENAISSANCE PORTUGAL, by Richard A. Preto-Rodas. 1971. (No. 109). 909-X.

RAIMOND VIDAL: POETRY AND PROSE, edited by W. H. W. Field. 1971. (No. 110). -910-3.

RELIGIOUS ELEMENTS IN THE SECULAR LYRICS OF THE TROUBADOURS, by Raymond Gay-Crosier. 1971. (No. 111). -911-1.

THE SIGNIFICANCE OF DIDEROT'S "ESSAI SUR LE MERITE ET LA VERTU," by Gordon B. Walters. 1971. (No. 112). -912-X.

PROPER NAMES IN THE LYRICS OF THE TROUBADOURS, by Frank M. Chambers. 1971. (No. 113). -913-8.

STUDIES IN HONOR OF MARIO A. PEI, edited by John Fisher and Paul A. Gaeng. 1971. (No. 114). -914-6.

DON MANUEL CAÑETE, CRONISTA LITERARIO DEL ROMANTICISMO Y DEL POSROMANTICISMO EN ESPAÑA, por Donald Allen Randolph. 1972. (No. 115). -915-4.

THE TEACHINGS OF SAINT LOUIS. A CRITICAL TEXT, by David O'Connell. 1972. (No. 116). *-916-2.*

HIGHER, HIDDEN ORDER: DESIGN AND MEANING IN THE ODES OF MALHERBE, by David Lee Rubin. 1972. (No. 117). *-917-0.*

JEAN DE LE MOTE "LE PARFAIT DU PAON," édition critique par Richard J. Carey. 1972. (No. 118). *-918-9.*

CAMUS' HELLENIC SOURCES, by Paul Archambault. 1972. (No. 119). *-919-7.*

FROM VULGAR LATIN TO OLD PROVENÇAL, by Frede Jensen. 1972. (No. 120). *-920-0.*

GOLDEN AGE DRAMA IN SPAIN: GENERAL CONSIDERATION AND UNUSUAL FEATURES, by Sturgis E. Leavitt. 1972. (No. 121). *-921-9.*

THE LEGEND OF THE "SIETE INFANTES DE LARA" (*Refundición toledana de la crónica de 1344* versión), study and edition by Thomas A. Lathrop. 1972. (No. 122). *-922-7.*

STRUCTURE AND IDEOLOGY IN BOIARDO'S "ORLANDO INNAMORATO," by Andrea di Tommaso. 1972. (No. 123). *-923-5.*

STUDIES IN HONOR OF ALFRED G. ENGSTROM, edited by Robert T. Cargo and Emmanuel J. Mickel, Jr. 1972. (No. 124). *-924-3.*

A CRITICAL EDITION WITH INTRODUCTION AND NOTES OF GIL VICENTE'S "FLORESTA DE ENGANOS," by Constantine Christopher Stathatos. 1972. (No. 125). *-925-1.*

LI ROMANS DE WITASSE LE MOINE. *Roman du treizième siècle.* Édité d'après le manuscrit, fonds français 1553, de la Bibliothèque Nationale, Paris, par Denis Joseph Conlon. 1972. (No. 126). *-926-X.*

EL CRONISTA PEDRO DE ESCAVIAS. *Una vida del Siglo XV,* por Juan Bautista Avalle-Arce. 1972. (No. 127). *-927-8.*

AN EDITION OF THE FIRST ITALIAN TRANSLATION OF THE "CELESTINA," by Kathleen V. Kish. 1973. (No. 128). *-928-6.*

MOLIÈRE MOCKED. THREE CONTEMPORARY HOSTILE COMEDIES: *Zélinde, Le portrait du peintre, Élomire Hypocondre,* by Frederick Wright Vogler. 1973. (No. 129). *-929-4.*

C.-A. SAINTE-BEUVE. *Chateaubriand et son groupe littéraire sous l'empire.* Index alphabétique et analytique établi par Lorin A. Uffenbeck. 1973. (No. 130). *-930-8.*

THE ORIGINS OF THE BAROQUE CONCEPT OF "PEREGRINATIO," by Juergen Hahn. 1973. (No. 131). *-931-6.*

THE "AUTO SACRAMENTAL" AND THE PARABLE IN SPANISH GOLDEN AGE LITERATURE, by Donald Thaddeus Dietz. 1973. (No. 132). *-932-4.*

FRANCISCO DE OSUNA AND THE SPIRIT OF THE LETTER, by Laura Calvert. 1973. (No. 133). *-933-2.*

Symposia

LOS NARRADORES HISPANOAMERICANOS DE HOY, edited by Juan Bautista Avalle-Arce. 1973. (No. 1). *-951-0.*

When ordering please cite the *ISBN Prefix* plus the last four digits for each title.
Send orders to:

> International Scholarly Book Service, Inc.
> P.O. Box 4347
> Portland, Oregon 97208
> U.S.A.

The Department of Romance Studies Digital Arts and Collaboration Lab at the University of North Carolina at Chapel Hill is proud to support the digitization of the North Carolina Studies in the Romance Languages and Literatures series.

www.ingramcontent.com/pod-product-compliance
Lightning Source LLC
Chambersburg PA
CBHW020416230426
43663CB00007BA/1195